ばりこの
「秋田の山」無茶修行

鶴岡由紀子

無明舎出版

ばりこの「秋田の山」無茶修行◉目次

真昼山地に何度も行く

雄壮な山に行く

【本書に登場する山】

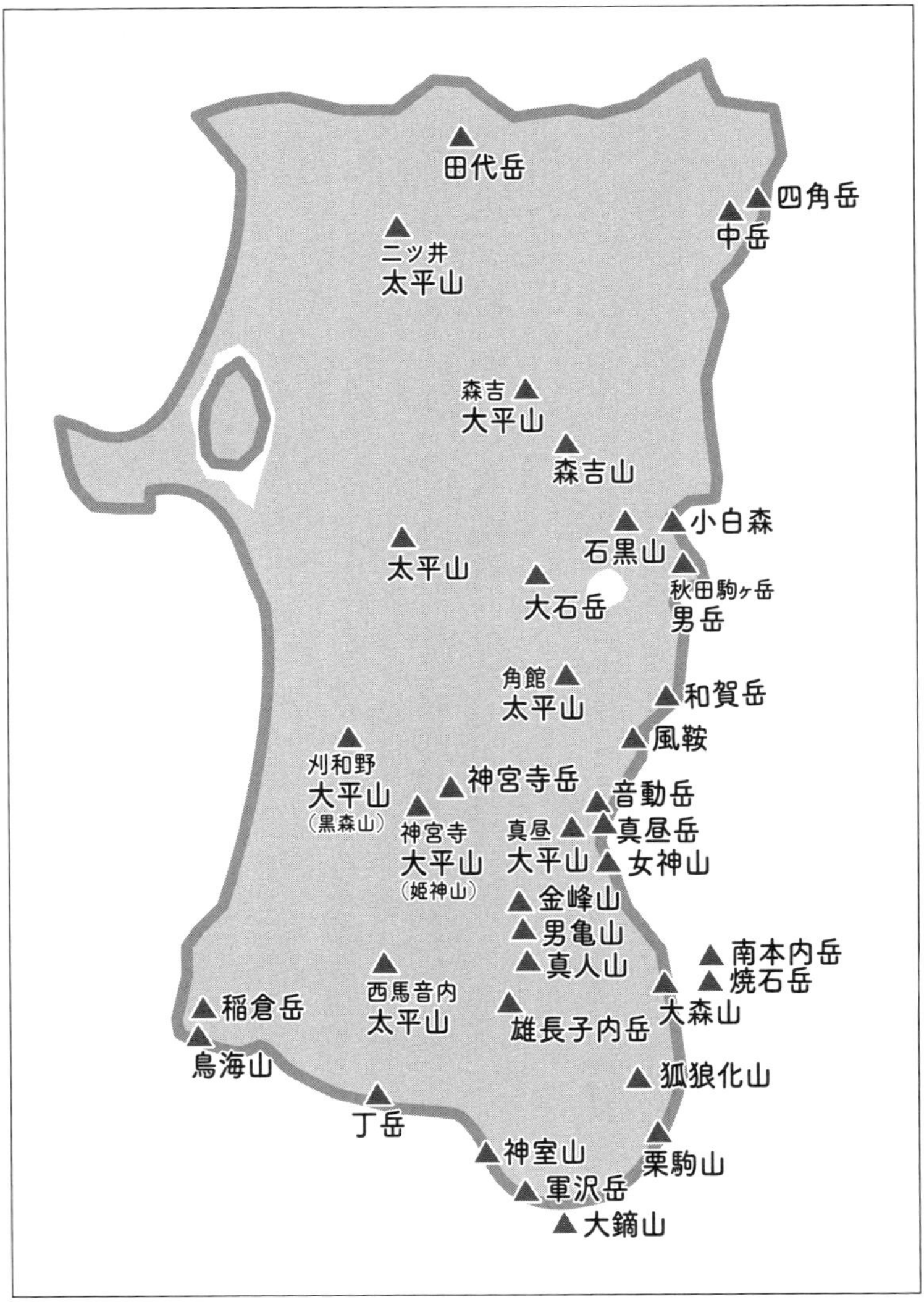
田代岳
四角岳
中岳
二ツ井
太平山
森吉
大平山
森吉山
小白森
石黒山
太平山
大石岳
秋田駒ヶ岳
男岳
角館
太平山
和賀岳
風鞍
刈和野
大平山
（黒森山）
神宮寺岳
神宮寺
大平山
（姫神山）
音動岳
真昼
大平山
真昼岳
女神山
金峰山
男亀山
真人山
南本内岳
焼石岳
西馬音内
太平山
稲倉岳
雄長子内岳
大森山
鳥海山
狐狼化山
丁岳
神室山
栗駒山
軍沢岳
大鏑山

はじめての山に行く

大石岳で沢登りデビュー

はじめての山登り

栗駒山

こまかな経緯についてはところどころ忘れてしまったが、二十代も半ばの五月、わたしはひとり、栗駒山を登り始めていた。栗駒山は小学生のとき親に連れられて登って以来である。登山については高校の学校行事で、近所の低山にしぶしぶ登って以来である。

おとなになり、親だの先生だのという一定の強制力から解放されてからというもの、山に登ろうと考えたことはただの一度もなかった。むしろ、ときどき目にする登山者をなんて酔狂な人たちなのかと理解しがたい気持ちでながめては、もはやあんな苦しい山登りをしなくていい境遇に安堵していたくらいだ。

山登りには断固として絶縁していたわたしが、そのころ夢中になっていたのはドライブである。免許を取ってはじめての春、ようやく中古の軽自動車を購入したばかりだったのでなおさ

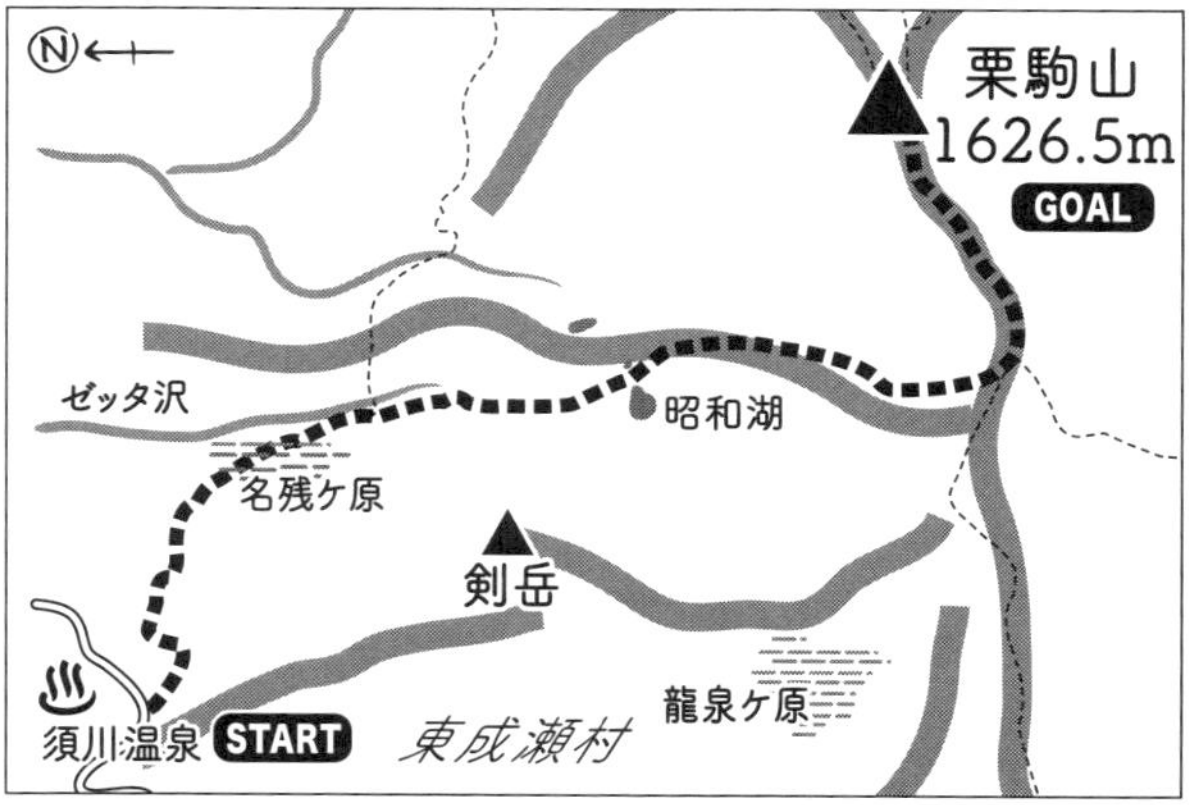

ら楽しかった。

山を自分の足で登るのはごめんだったが、クルマなら道があるかぎり座ったままどこまでも行ける。そんなわけで休日になれば朝5時には飛び起きて、峠を越えてのドライブが当時のわたしの楽しみだったのだ。

その自分が、どうしたわけか栗駒山の山頂を目指して歩いている。須川温泉のもうもうとした硫黄のにおいを胸いっぱい堪能し、それを抜けて広がる名残ケ原の木道をぶらぶらと歩き、徐々に勾配がきつくなる登山道がいつしか残雪にのまれてもなお、登り続けている。

なぜ登ろうと思いついたのか。ドライブ中、フロントガラスごしの新緑の向こうに、まだらに残雪をまとった栗駒山がとても美しくて驚いたことを覚えている。

助手席にはたまたまミスドの景品でもらったおもちゃみたいなリュックサックがあり、その日履いていたのはスニーカーだったので、ふと気まぐれが沸き起こったのだろう。わたしは、登山口がある須川温泉でクルマを降りた。

タウンユースの布製のおしゃれなスニーカーは、ほどよくしまったザラメ雪に差し掛かるとよく滑った。一歩一歩を慎重に登っていると、中年の女性二人が追いついて来た。

あらお一人で? と声をかけられ、一言、三言の会話をかわしてから彼女らは軽快に残雪を登って行ってしまった。チェックのネルシャツにがっしりとしたザック。そしてくるぶしまで覆うごつい登山靴。今まで、酔狂な人たちと対岸から眺めていた、あの登山スタイルである。

こうなると、ミスドのおもちゃザックにおしゃれスニーカーで残雪を登る自分の方が、よっぽどか酔狂である。

それにしても残雪歩きはこたえた。ソールのしっかりとした靴でガシガシとキックステップで登ればどうってことのない斜面であるのだが、登山のいろはも知らない人間のことである。できることといえば、ずるっと来たらこらえる。ずるっとならないように踏ん張る。それでも転んでしまったら立ち上がる。それだけが今ここで使えるスキルのすべてである。

その乏しいスキルは無駄に体力を奪う。やがて一歩も足が前に出ないほどに疲労がのしかかって来た。シャリバテ、なんて言葉も概念も知らなかったが、エネルギーが足りないということは生き物として察しがつく。

背中からおもちゃザックをひきよせて、中をまさぐると「小梅ちゃん」が見つかった。このとき口にした、甘じょっぱい小さな赤い飴玉のおいしさは格別だった。こんなにもおいしい飴玉だったのか。そしてこの直径10ミリたらずの糖分の塊がこんなにも力を与えてくれるものなのか。山における糖分の威力についてはとても驚いた。

須川分岐に至ると雪もなくなり、灌木に挟まれて乾いた夏道が露出しはじめる。難儀な残雪歩きから解放された、恐れを知らない初心者は気持ちのいい稜線を意気揚々として突き進む。天狗岩を過ぎ、やがて道は平坦になる。広い山頂には大きな標柱と小さな祠があり、小学生のときの登頂写真のままの光景がわたしを出迎えた。

登れちゃうんだ。

今となってはそこから眺めた展望もすっかり忘れてしまっているが、山頂でそうつぶやいたことだけはよく覚えている。

山というものは、登りたいと思いついて一歩踏み出せば、山頂に来てしまえる、そんな場所だったのか……。

山というものは、汗と涙と、そして最後にはザイルを切ることで友情を固く結びつけるような、そんな遥か遠い世界のフィクションではなかったのか。

そしてなによりも山というものは、自分がもう二度と近寄るつもりのなかった場所ではなかったのか。

そんなつい昨日までファンタジーの世界にも匹敵するほど思いも寄らなかった場所に、人は気持ちひとつで来てしまえるものなのか。

山頂に立てたことへの気持ちの整理が追いつかなかった。自分のなかの概念が大きく書き換えられようとしている。

なんて簡単なんだ！

戸惑いの霧が徐々に取れてゆく脳内で、わたしはくっきりとそう思い至った。

それから晴れ晴れとした気持ちで栗駒山の３６０度、なにひとつ遮るもののない展望の只中に突っ立って、目の前に開かれた山登りという新しい世界を見渡したのだった。

はじめての雪山

田代岳

義理で参加した会社の飲み会で、となり合ったのがオートモさんだ。わたしより六つか七つぐらい年齢が上だろうか。オートモさんは、ほぼほぼいつも満面の笑顔の人である。しかしだからと言ってヒトがいいのかと言えばそうとも限らない。

私の職務は商品開発という、早い話が平和な毎日に満足している善良な社員を、先行きのわからない未知の領域へと引きずり込む企みに日々明け暮れる、製造部門にしてみれば迷惑この上ない破壊の神の使いである。

手練れの工場長であったオートモさんは、その大いなる使命のひとつとして、善良な社員の平穏な毎日を守るべく、破壊の神の使いである商品開発部門の我々を、その満面の笑顔を盾に

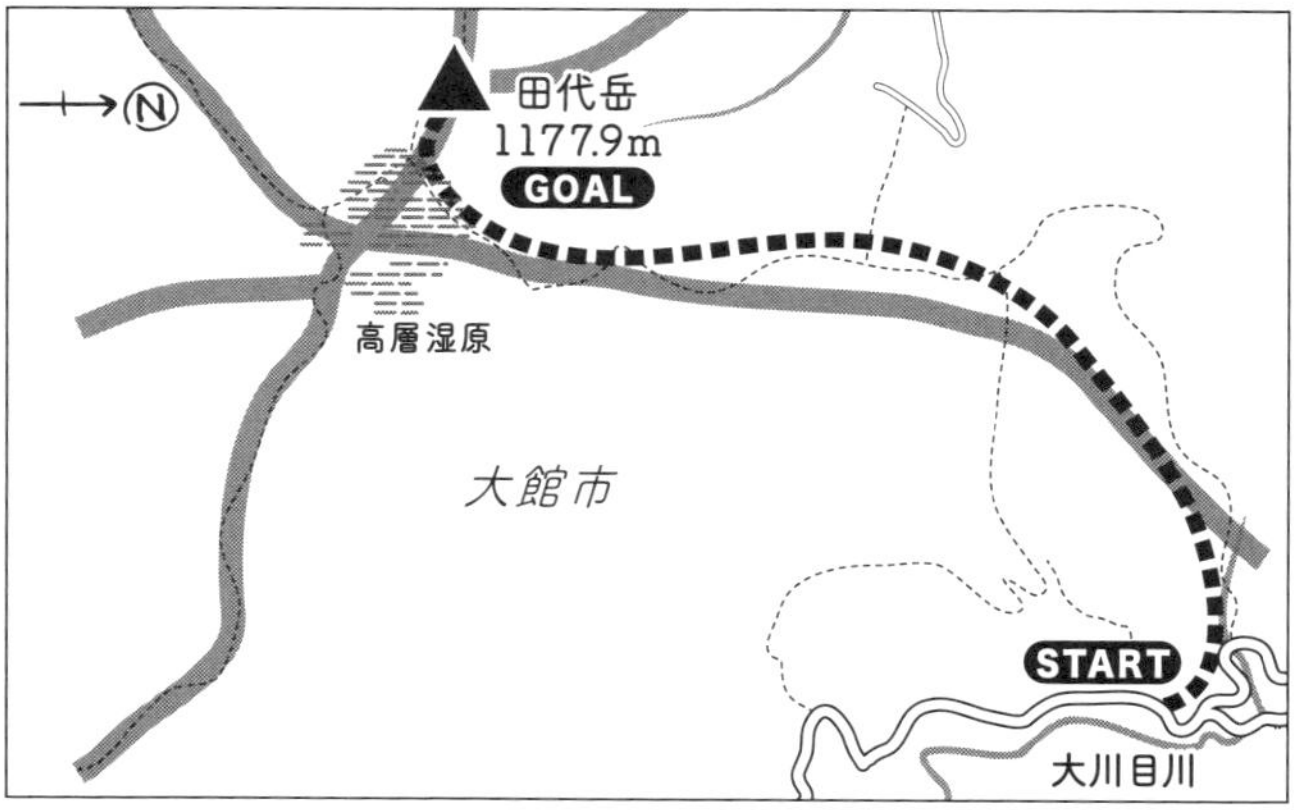

次々と打ち破って来た猛者であった。彼のその人懐っこい笑顔は、たまたまそういうフォルムの風変わりな鎧にすぎない。

だが今日は飲み会だ。わたしも彼らの平和を脅かすつもりもないし、きっとオートモさんも休戦日の認識にちがいないが、その変わらぬ笑顔からは、この当たり障りのない会話の行方については何ひとつ読み取れない。ただひたすら互いにビールを注ぎ合いながら義理の時間をつぶす。

「雪山、いいよー」

山登りしてるんだべ?と唐突に話が転んで行ったと思ったら、そう言ってオートモさんはうっとりとして破顔した。鎧としての笑顔ではない。純粋な笑顔が現れた。

驚いた。まさか社内に雪山までやる山男がいたことに驚いた。そして、オートモさんの雪山にデレている本当の笑顔にも驚いた。

だが、わたしが今すべき行動は驚きに任せてただ口を開けていることではない。即座に身を乗り出すやいなや、雪山はどうやって行くものなのかと、デレデレと雪山について思いを馳せるオートモさんに食らいついた。逃してなるものか。まだインターネットもさほど普及していなかった頃である。レアな情報ほど人頼みであった。

「スキー場からテキトーに山さ入ってげばエ」オートモさんの回答はシンプルかつ不親切だった。どうやってと聞けば「スキーでよ!」とますます回答はムダに単純明快極まる。

あんな滑るものでどうやって山を登るのかと聞けば「シール貼ればエ」。とっさに頭に浮かんだのは、神社でもらった「滑りどめ」のまじないがかけられた手のひらほどのシールを、神妙な面持ちでスキー板の裏に貼って柏手を打つオートモさんの姿だ。きっとその霊験あらたかな滑り封じのシールは、毎年1月になれば受験生たちの間でも、知る人ぞ知る人気の商品にちがいない。

……なんて、うそに違いない。オートモさんに早々に見切りをつけたわたしはその後、雪山に登りたい一念で社会人山岳会に入った。秋田市にある矢留山岳会である。

「シール、もう貼ってあっからよ」

除雪された林道脇のわずかなスペースに車をとめると、サガさんはそう言って山スキーとプラスチックブーツをわたしに示した。もちろんもはやわたしはシールの話を持ちかけられても、サガさんが朝早くからスキー板に向かって柏手を打ってきたわけではないことを知っている。

シールとはアザラシの毛皮の意味である。スキーの板の裏側全体にこれを貼ることで、傾斜がある雪面をスキーを履いたままぐいぐいと登っていくことができるのだ。なにひとつ、雪山道具を持たないまま山岳会に飛び込んだ新入会員のわたしは、山スキー一式をサガさんの奥さんから貸して貰えることとなり、今日、ここ田代岳にやってきて真冬の雪山デビューを迎えるに至ったのだ。

ビンディングはジルブレッタ４０４。山スキーというのは、登りの際には踵がフリーになって足運びがスムーズになるよう工夫された特殊なスキーで、下山のときにはこの踵を固定させて今度は通常のスキーのように扱うことができる。小学校のころ、リフトのない練習用斜面を難儀してカニ歩きしていた苦労は何だったのだろうと呆然としてしまうほど、それは画期的な発明に思えた。

いろいろ驚きばかりの雪山デビューであったが、なによりも驚いたのは登山口についてである。小雪の舞うなか、林道をワンボックスで進んでいたのだが、ほかの会員たちは今日の登り口を山腹に探しあてたようで「ここだここだ」と運転するサガさんに合図する。ああそうだここだと、サガさんも車を止めるのだが、わたしからすればどうみたって除雪で寄せられてできた雪の壁しか見えない。なにを根拠に「ここ」なのか。

どやどやと車を降りて身支度を始める周りに合わせて、わたしもサガさんから山スキーの履き方を教わりながらも、ちらちらと「ここ」と示された登山口をみてはその根拠となる手がかりを探したが、まったく何を持ってここなのか分からない。

やがて「さき行ってる」とミウラさんがぼそりと言い残し、「ここ」に山スキーを蹴り込んでがしがしと登り始めるのを見て、えっ？と声が出そうに驚いた。

雪山とは、何もない雪壁をそうやって無理やり突破していくものなのか。そこには人間好みに整備された、スマートさやエレガントさという文化の気配は微塵もなかった。あるのは「俺らはここから山に入る」というむき出しの意思だけだ。

ほかの会員もあとに続き3、4人も通過すればそこには立派に道ができた。行こ！とミユキさんに促されるままに、わたしは雪山という新たな世界へと、ジルブレッタの踵をカチカチならしながら踏み込んだのだった。

田代岳は秋田県北部に位置し、標高は1177メートル。白神山地の一角を成す。山頂直下には多くの池塘を有する湿原が広がり、毎年七月の半夏生にはこの池塘を水田に見立てて作柄を占う例祭が執り行われてきた、古くからの信仰の山である。山頂の神社には五穀豊穣を願って、白髭大神が祀られている。……と便宜上、通り一遍の説明を披露してみたが、わたしはこの山には真冬にしか登ったことがなく、登山者を魅了する高層湿原についてはウワサに聞いた話である。

ウワサの高層湿原はただただ広い白い空間として、樹林帯を抜けたわれわれの目の前に現れた。何ごとも日常的な度を越してはじめてそれは感動の域に達する。わたしはここまでシンプルを突き詰めた景色を見たことがなかった。

雪と曇り空でできた白い世界は、空と地上の境界を示すラインすら見えず、胸がすくほどに広く清々しい。いつまでもここに突っ立ってこの世界を眺めていたい。そう願うのだが、山男たちには見慣れた光景らしく、おおと感激の声を上げながらも残りわずかとなった最後の登りに向かっていく。

それからまもなく吹雪きはじめ、さっきまでの別世界はあっというまに白い闇に閉ざされた。

先をいく山男らの姿すら見失いそうでわたしも慌ててあとを追う。

吹雪は雪山デビューの人間にも、ベテランの山男山女にも分け隔てなく存分に吹き付けた。先行するスキーのトレースばかり眺めて、最後の急登を黙々と登っていくと、傾斜が緩みいつのまにか山頂に迫ったことがわかった。

山頂には鳥居があった。それはみっちりと雪で覆われ、上部の1メートル以外は雪に埋まっている。鳥居はくぐれそうにないのでその脇を通りすぎ、小さな神社にたどり着く。神社はこれもみっちりと雪に覆われて、まるで砂糖菓子か秋田名物の諸越《もろこし》のようである。この中で昼の大休止をするのが、矢留山岳会の恒例のようだ。

だが、雪に覆われた神社の引き戸が頑として開かない。凍りついているようで、しまいには山男4人がかりで力の限りを尽くしてその引き戸と格闘しはじめたが一向に開かない。

わたしとしては神社とは、畏れ多い神聖な神様そのもので、一定の距離を保ちながら遠巻きにして拝むだけの対象だった。それが雪山ではどうだろう。ああも渾身の力で大の男らが寄ってたかって対応したのでは、家主たる白髭の神様のバチが当たるのではないかとヒヤヒヤしながらその様子を見守るほかなかった。

その一方でいよいよ風雪が吹き付け寒さが募り始めると、最終的には神様への心配よりもなによりも早くその戸をこじ開けて中に入れてくれという、都合のよい祈りでいっぱいになった。

「きょうはアメっこ市で白髭の神様、いねーんだよな」

最終的にはテルモスの湯によって頑固な引き戸の封印を解き、中に祀られた神様に手を合わせ終えたところで、誰かが笑いながらそう明かした。氷の結界を破った山男たちに笑いが伝播する。せまいお社の中はみんなが吐く息で白くかすんで、温泉にでも入っているかのようである。神社は登山者のシェルターにもなるのかと、初めて神社に上がり込んで飲食しながら、しみじみと神様の懐の大きさをありがたく思った。

外に出ると吹雪はすっかり止んでいる。晴れやかな青空とまではいかないが、滑降を楽しむには十分だ。たどり着いた時は吹雪で何も見えなかったが、今は眼下に田代岳ののっぺりとした斜面と、湿原の平らな雪面が開けていた。整地されていない、雪が降ったまんまのまっさらな野生の雪面へと、歓声とともに山仲間たちが次々と飛び込んでいき雪煙があがる。

かたやわたしはスキーは十五年ぶりだ。

ゲレンデ以外でスキーを滑るのははじめてである。

プルークボーゲンがやっとだ。急な斜面に尻込み、さまざまな言い訳のような言葉が湧いてくる。

さあいよいよわたしの番だ。さまざまな弱音や言い訳にストップの号令をかけ、えいっとパウダースノーへ漕ぎ出した。最初は怖々と、やがて頰に爽快な風を受けて、わたしの人生初めての山スキーが走り出す。

（二〇〇五年二月）

はじめての沢登り

大石岳

どうしてわたしを置いて行ったのでしょうかと、わたしがいては足手まといなのでしょうかと、場末の居酒屋で歌われる演歌か何かのようにいじけきった長いメールをサイトウさんに送ると、彼は彼の人柄そのもののソフトで丁寧な言葉の限りを尽くして、そんなことはないという旨の長い返信をよこしてくれた。それを読み終えて、そうかと気が済んだわたしは、今シーズン初の沢登りで置いてけぼりを味わった恨みつらみを成仏させ、いつになるか分からないが次の機会を待つことで今回の件は落着させることにした。

沢登りへの執着の発端は、矢留山岳会に入会したその年か翌年のことである。年度末に開催される総会に出席した。その議題で毎月の年間会山行計画を話し合うのだが、まだ入会まもないヒラらしく大人しくして話し合いを聞いていると、会員たちの

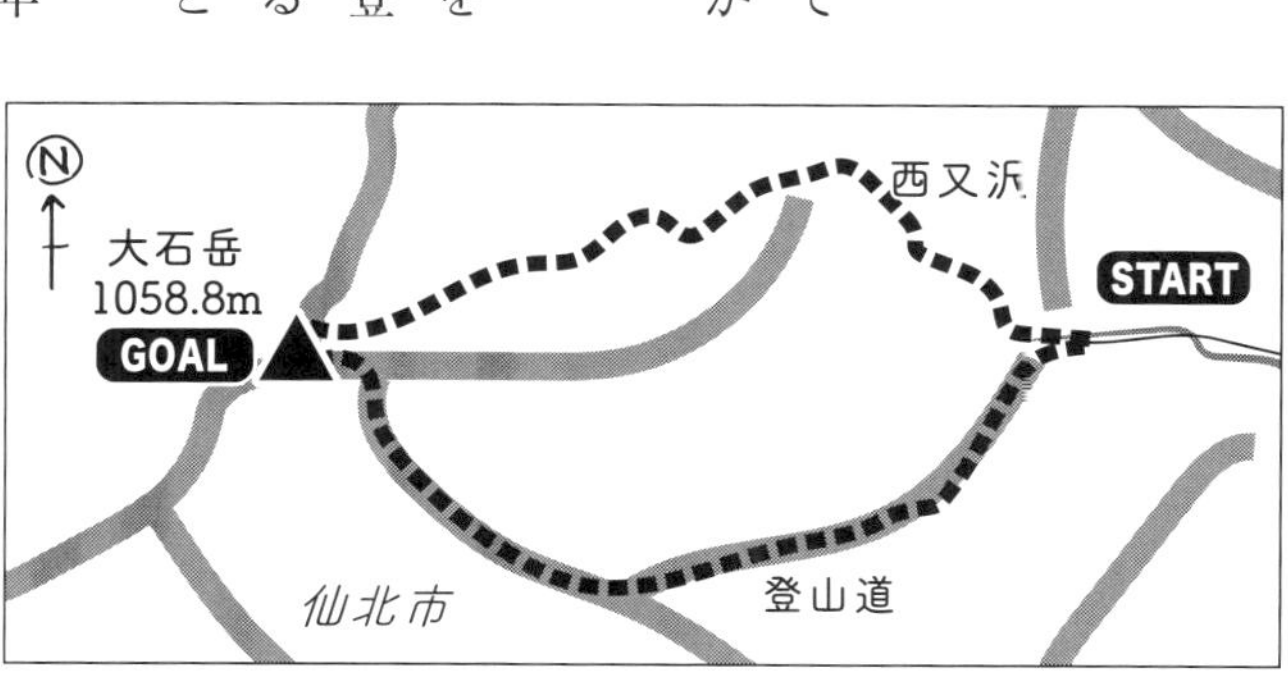

テンションがぐぐっと上がるポイントが2回あることに気がついた。真冬の山スキーと夏の沢登りである。

こと、沢登りについては誰もが顔を輝かせ、その清々しさを思い出してか、もう堪らないというように高揚した歓声をあげるのだった。だがわたしの気持ちは彼らに相反して、沢についてはだいぶ淡白だった。ヤマケイや岳人などをめくると六月、七月号には沢登りの様子の写真を見ることができる。ヘルメットを被り、ハーネスを着け、脛には脚絆のようなものを巻き、人によっては地下足袋のようなものを履く。

このように、沢に入るための格好ときたら高所作業にこれから向かうかのようななりだったので、女子的観点においてそこに夢もロマンも憧れの片鱗も見出せず、まったく興味の圏外にあった。しかも写真の人たちはずぶ濡れである。うっひゃーという表情で滝飛沫を浴びて、全身ずぶ濡れである。衣類や頭髪が肌に張り付いていて、その状態が気持ちいいとはとうてい納得がいかなかった。

「沢登りってどう面白いんですか」みんなのテンションに水を差さないよう、高まらない心をとってつけた好奇心の表情で隠して聞いてみた。

「わーーって夢中になって登っているうちに山頂に着いちゃう」

ミユキさんも沢登りに魅了されているようだ。顔を輝かせて沢の素晴らしさをそのように要約して答えた。やっぱ夏は沢だよー、普通の山登りなんて暑くてー。あちこちから沢登りを賞賛する声が再び高まり、そうなるとわたしもそうなのかとわずかに心が動く。

ついには夏は沢なのだなとすっかり啓蒙され、沢に行かなくては夏が始まらないほどに気持ちがせいてきて、いそいそとイシイスポーツに赴き沢シューズなどを買い揃え、さあこれでいつでも沢に行けると安堵しきって夏の到来を待ち構えた。

そして、冒頭の顛末である。個人山行で連絡を取り合って沢を堪能してきた旨の報告が山岳会のメーリングリストで届き、わたしはすっかり裏切られた気分をこじらせたのだった。

「未踏の沢だけど行く?」

ひょっこりとそんなメールがタナカさんから届いたのは、八月間近のことである。タナカさんは、この前年の秋田国体の際、山岳競技のボランティア要員として、県内中の山男山女が体育館いっぱいになるほどの規模で森吉にかき集められたときに、同じ医療介護チームで知り合った一風変わった山男だ。国体ボランティアの打ち上げ飲み会の折、人がいる山はいやだけど変な山行なら応援すると言われたことを思い出した。変な山行とはどんな山行なのかその基準はわからなかったが、ひとまず、ありがとうございますと、あのときは答えておいた。

タナカさんは沢屋である。かといって沢を語るとき、他の山仲間のような沢に対する手放しの興奮はあまりなく、滝の飛沫を浴びての登攀の醍醐味を熱く語るでもない。派手な景観が約束された人気の沢には、「人がいるから」と見向きもせず、代わりに、この先に何が出てくるか分からないような、誰も入った記録のない沢を語るときだけ、その唯一の手がかりである地形図を広げてにやにやが止まらなくなる。タナカさんにとって沢は、登攀や水しぶきを楽しむアトラクションではなく、山に登るための彼にとって一番相性のいい手段なのだ。

そのタナカさんからの沢の誘いに、行きます行きますと食らいつく勢いで返信し、じゃあと話しがまとまった。いついつなん時にこれこれこういう装備を忘れずに集合と、要点を抑えた沢計画がメールで届くと、わたしの沢デビューの段取りが思いがけない急展開で整った。

わたしが乗った沢プランとは、大石岳山頂へ西又沢を遡行するというものだ。大石岳がどんな山であるのか、西又沢がどのような沢であるのか、そんなことは全く分からない。わたしのあたまの中には、念願叶っての沢登りだ！　という単純な想いだけが清々しく広がっているばかりで、そのほかについてはあまり気が回らなかったのだ。

仮に、今の自分がもしこの計画を聞いたなら真っ先に地形図を開く。そして、その山が田沢湖の真西に国道１０５号線を挟んで起立していて、標高は１０５９メートル、と大まかな概略を確認するだろう。三角点があるものの、山頂部分に顕著なピークがない。広いテーブル状の山頂の地形を見て、つかみどころのない印象の山だなと感想を持ったりする。続いて遡行予定の西又沢の地形を眺めるのだ。

大石岳付近のいくつかある沢のなかでも、それがもっとも山頂直下近くに突き上げていることを知り、タナカさんがこの沢を選んだことに同意するだろう。それから、これをプリントアウトしてルートや標高、枝沢などの情報を書き込み、当日のための地形図を作り込むのだ。

だが、当時の沢を知らないわたしがそこまで思いつくはずもない。

何ごともスタート地点に立ったばかりというのは、新しい世界への高揚感ばかりで多くのことは見えないものだ。ちょうど生まれたての赤ん坊の、未発達な視覚のようなものなのだろう。新しい世界に身を置いて、楽しみも危険もひとつひとつ体で覚えながら、やっと目が開き見るべきものが見えてくる。わたしもそうやって、新しい世界に目を凝らし、足と手を力いっぱい動かして日常の地平を超えて行くのだ。

あっと思った瞬間バランスが崩れ、取り付いていた岩から体を離した。足下には水をたたえた小さな釜があったので、5メートルほどの小滝のホールドにあまり執念深くしがみつくこともないかと、とっさに判断してのギブアップである。

釜はそう浅くもなさそうだ。落ちた衝撃はさほどないはずと見定め、水しぶきを上げてそこに飛び降りた。たしかに足に墜落の衝撃はこない。こない。こない。衝撃どころか足の裏は、いつまでたっても何にも触れない。ばんざいしたまま釜に落ち、ばんざいしたままついに頭まで水没してなお足が底に届かない。

底に足が着いたら、蹴って浮上するつもりで辛抱強く沈んでいく途中で、ぐいと力が働いてざばーっと陸上に引き上げられた。釜の縁で沈んで行くのを眺めていたタナカさんが、思ったよりも釜が深いようなので傍観を切り上げ、ザックをつかんでわたしを救出したのだった。

入渓して早々ずぶ濡れの洗礼である。あれほど衣類が濡れることを、猫のように敬遠していたのだがどうだろう。ここまで思い切ってずぶ濡れだと、笑いが止まらない。子どもらが泥んこになるほどに興奮するのに似た、日常のボーダーを振り切ったときの開放感があった。爽快だ。

ここから先は、次々に現れる小滝を冷たい水に急かされながら夢中で登っていった。ひとつ滝を登って顔を上げた時にそこに何があるか、カーブする沢の先にどんな展開が待っているのか。地形図からは推測しきれない、その場に行かなければ分かりようのない景色に対面するたびに歓声を上げた。

やがて沢の傾斜が緩くなり、空が開けてくるころ水が絶えた。そこから十分ほどで平坦な地形となり薮になる。タナカさんが立ち止まり、さーてとつぶやき地形図にコンパスを当てた。ルートを誤らなければ100メートルもない距離に山頂がある。視界は背丈を超える笹薮に完全に遮られ、目指す方向を教えてくれるのは地形図とコンパスだけである。方向を見定め、薮に分け入って行くタナカさんの後に続く。

ビンゴ！の声が先頭から聞こえ、まもなくポンっと山頂広場に出た。8畳ほどの広さにきれいに刈り払われた山頂には、二等三角点を示す標柱が埋まっていて、そばに大石岳と記された小さな手作りのプレートが置かれてある。薮漕ぎ時間5分。見極めた最短ルートで薮を突破したようだ。山頂で爪先立ちになれば、薮の向こうに森吉山や八幡平、秋田駒ケ岳を見渡すことができた。登山道を使わずに、生のままの自然にかじりついて登って得た展望である。そのせいか、見慣れた秋田の山々の景色が得難いものに思えてくる。

沢登りは日本独自の登山スタイルだと、以前に矢留山岳会のサイトウさんから聞いたことがある。こんなに誰もが夢中になる沢登りなのに、なぜ日本人だけしかやらないのか。

「昔の人の道なのよ」

大石岳へ沢を使って初登頂を果たしたのち、タナカさんが沢登りについてそう述べた。国土のほとんどが山である日本人にとって、移動するには峠を越える必要が生じる。むかしなら峠越えの手段として、冬は尾根を使い、夏は時間短縮となるので沢を使う。沢は、日本ならではの急峻な山岳を、水が削りだした自然の道なのだ。

叶うことなら下山も沢に入り、むき出しの自然にしがみつきたかったたが、それは危険すぎるからと却下された。下山には大石岳に一本だけ整備された登山道を下りる。一般登山道とはいえ急な斜面にあるせいか、そもそも山が地味だからか誰一人登ってこない。そんな静かな道の真ん中には、ごつごつとした大きな赤黄色いキノコがふたつ成長していて、これはアカヤマドリだと教えてもらった。

広げた手のひらよりもまだ大きいほうは「古い」そうで、傘の開いていないそれでも拳よりもふた回りほど大きいアカヤマドリを「はい、おみやげ」とタナカさんから渡される。燻製のような香りがした。炒めると美味いのだそうで、初・沢登りの今晩の祝杯にこれ以上にない付け合わせの一品となった。

（二〇〇八年八月）

はじめての道迷い

大森山

たどり着いた場所は、樹林のなかのコルだった。稜線を乗っ越したその向うは切れ落ちていると言っていいほどの急斜面である。おそるおそるそのふちから首を伸ばし、東へ伸びる稜線を混んだ木々の間から仰ぎ見れば、雪庇を蓄えた急峻な地形が見える。あれが目指す大森山なのだろうか……。

うーんと唸って乗り出した体を引っこめて、地形図を見て、また稜線を見て、よし撤退！と顔を上げた。

当時の私は雪山をやっと二、三回ほど人の後ろに着いて経験したばかり。好奇心と冒険心の二頭立ての馬車に乗り、無謀にもこの日、一人マイナーな山

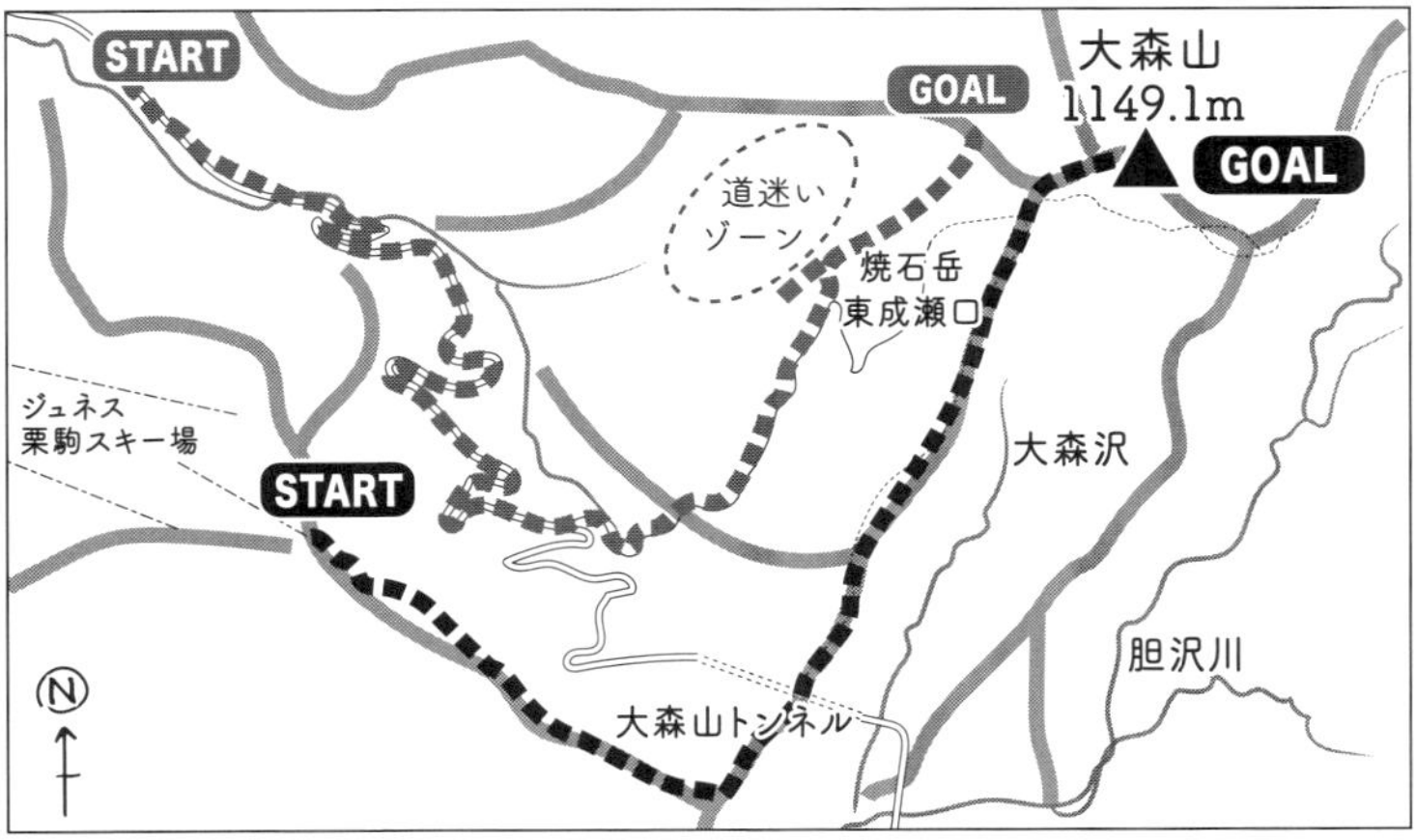

域に踏み入った。もう十分に冒険心は満たされたし、何よりも自分が今どこにいるのかさっぱり見当がつかなかった。これではもう先へ進むことができない。

スキーのシールを外し、ビンディングの踵を固定する。そしてこのあと、この迷いやすい地形の下山時に、まさか自分をここまで連れてきた好奇心と冒険心の二頭立ての馬車が、いよいよ無知というエネルギーを存分に得て暴走しはじめたことになど全く気づかないまま、それ！と勢い良くスキーを滑らせた。ようやく理性のブレーキが働いたときは、道迷いのまっただ中でただ一人、呆然と立ち尽くすしかなかった。

あれから七年経つ。

あの日、目指していた大森山は、三角点があるものの、名前もその山容も至って平凡な山である。標高は1149メートル。その高さだけを取り上げれば、秋田県内なら、真昼岳や太平山にも引けを取らないのだが、あいにく大森山の東には、豊かな花畑と変化に富んだ地形を抱いて、焼石連峰が控えている。大森山は、多くの登山者にとっては、焼石岳の東成瀬ルートの途中にある、いくつかの起伏のひとつでしかない。

そんな平凡な大森山をこの七年間、雪の季節になるたびに思い出した。いわば、いまだ山頂に至っていない途上の山だった。

ジュネス栗駒スキー場のリフト終点に立つと、青空の中、延々と長い県境稜線の末端に真っ白なドーム状の大森山の山頂が展望できた。

七年前は冬期閉鎖の国道を辿り、焼石岳の東成瀬口へ延びる林道を詰めてその山頂を目指した。林道のヘアピンカーブからショートカットして稜線に上がろうと目論んだまでは良かったが、雪山のルートの組み立て方も分からなければ、地形の見方も怪しく、致命的なことには地形図から予想すべき、道迷いしやすい地形にも無頓着だった。

「今日はモービルもたくさん入っているよ」思い出深い大森山を眺めていると、監視員の男性が監視小屋から出て来た。モービルのトレースを辿れば迷うこともないし安心だと薦める。だが、本日はせっかくなので大森山を眺めながら登りたい。このリフト終点から県境稜線に上がり、大森山トンネルを越えて、彼の頂を目指すつもりだ。

細いブナの林を抜け、やや複雑な起伏の地形へ分け入っていく。スキー場に流れるＪ－ＰＯＰの旋律は次第に遠のき、さほど生活圏から遠くもないこの森にも山中らしい静寂が広がる。

一時間ほどで県境の稜線に出た。稜線を挟んで、ここまで歩いてきた西側こそなだらかだが、反対側は大きな雪庇を頂いて大森沢へと落ち込んでいる。下山時の目印に、ルート旗を二本、雪面に刺した。

なだらかな起伏の終点に大森山の姿が見えた。３キロ弱の尾根歩きは、顕著な登りもなく楽ではあるが単調である。単調な地形に加え、雲が広がり始めると、世界は雲と雪の白に、樹林帯の黒が混じる無彩色となり、ますます単調さが極まった。長い尾根歩きに飽きてきた頃、ようやく大森山の肩に出た。ここで下山の目印に、ルート旗を二本、来た方向が分かるように刺す。

足を止め、山頂とは反対側の尾根を振り返る。ここから距離にして500メートル足らず先が、七年前に到達したコルである。そしてそのコルから150メートルほど下った山腹は道迷いから脱出しようと右往左往した場所である。

ルートロスに青ざめたあの日、1秒でも早くこの事態から脱出したい一心で、となりの尾根に上がってみたり、思い詰めてさらに下っては登り返したりと、どこからそんな力が湧き出たかと驚くほどやみくもにそこら中を動き回った。はるかかなたには車道が見えたが、手前に大きな沢がある。ここを下るのは最後の手段だと自分をなだめる。だが見渡す限りがどこまでも同じ風景で、登って来たルートがどこなのか全く手がかりが見当たらない。

かれこれ一時間必死に動き回って時刻は十五時になろうとしていた。救助ヘリのヤマドリかナマハゲが飛び、わたしは明日あたり魁新報の紙面に恥を晒すのだろうか。嗚呼……。いや！それだけは絶対に嫌だ。必ずわたしはここを脱出するのだ！と、気持ちを奮い立たせるも徐々に絶望感がずしんと胸に広がる。

そうやってさんざん動き回って肩で息をつきながら立ち止まり、冷静になろうと自分をなだめたことを思い出す。突き進むことしか知らない例の二頭立ての馬車を追っ払い、代わりにスキーにシールを貼って登り返した。

自分のトレースを辿っていくと、見覚えのある二本の木が見えて来た。そこまで登ってすがる気持ちで山腹へ目を走らせると、たった今登り返してきた方向とはややずれて、うっすらと往路のトレースを見つけることができたのだった。人生でこれほど深く安堵したことはない。「行きのトレースなんて帰りには消えるから」とやはり以前にも、無謀にも初冬の高下岳へひとり入り雪を踏んで往復してきたとき、矢留山岳会の重鎮ミウラさんから釘を刺された言葉を思い出す。なのにすまぬミウラさん。

七年前に背を向けて、あの日到達できなかった大森山へスキーの先端を向ける。大森山の山頂直下はカリカリのアイスバーンになっていた。スキーアイゼンを装着し、一歩一歩蹴り込みながら最後の数十メートルを登る。斜度が弛みほっとして顔を上げると、もうこの先に登りはない。大森山のドーム状の山頂が白く広がっている。視線を巡らせると小雪がちらつき始めた曇天に、三界山、焼石岳と、山はどこまでも峰を重ねていた。七年前より少しは賢くなった、例の馬車馬のいななきがまたどこからか聞こえてくる。

（二〇一二年三月）

はじめての積雪期限定周回ルート

石黒山～小白森山

変わり者の山男タナカさんから、彼が言うところの「ヘンな山行」のお誘いがケータイメールに舞い込んだ。三月も下旬のことである。

石黒山、と示されているが、予習をしようにもきっと手持ちのガイドブックが役に立たないことは、発案者の性質上わかりきったこと。おそらくインターネットの検索に打ち込んだところで結果は同じ。文明の枠を振り切ったところにタナカさんの意識はある。

どこから取り付くか考えておいてもらえる？　わたしの参加の意向を確認すると、続いてタナカさんからそんな魅惑的なミッションが提示された。うぉー！やるやる！　ちょうど雪山のルート計画に興味が高まっていた頃である。即座に了解の返事をし、山行を翌週に控えた週末、地形図を携えて入山ポイントの偵察のためクルマを走らせた。

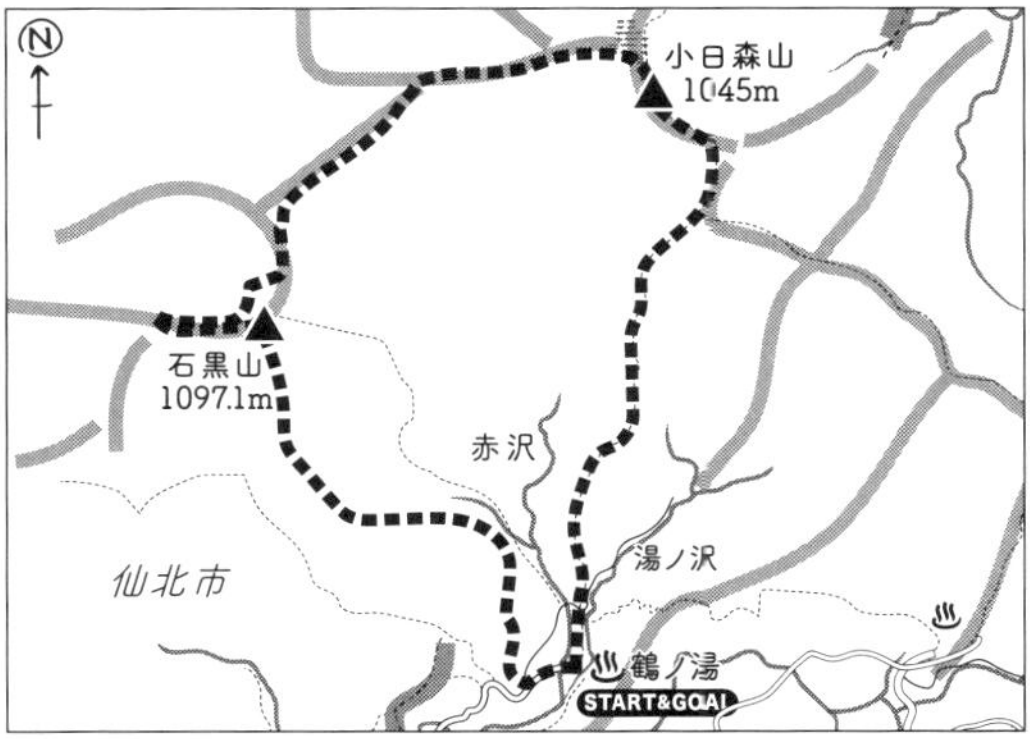

石黒山ははじめて聞く名前である。秋田駒ケ岳の界隈だと聞いて地形図をひろげてみると、それは鶴の湯温泉の北西にあり、細長い山頂部分には標高１０９７メートルの三角点ピークと、標高１１０３メートルの最高地点のふたつのピークを持つ山だった。

タナカさんのプランのアウトラインはこうだ。鶴の湯温泉の登山者向けの駐車場を起点として、山スキーで石黒山を目指し続いて小白森山へと縦走、下山は小白森山から夏道コースを、鶴の湯へ下る周回ルート。

さてどの尾根から入山したものか。

地形図には鶴の湯から石黒山へ至る登山道が記されており、これを辿ることも考えたが途中に渡渉がある。なので別の尾根にルートを求める。鶴の湯から南西に３００メートルほど道路を進んだところに尾根が一本せり出していて、等高線の混み具合もおとなしい。尾根をはさんで二本、北側と南側に林道が伸びているので、あわよくばこの道が使えるかもしれない。

三月の最終週の日曜日。入山口の偵察に訪れた乳頭温泉郷は、まだ深い雪の中にあった。鶴の湯にクルマを停め、雪空に傘をさし、目星をつけていた取付きの尾根へ向かう。地形図で見る限りは、どうぞここからお入りくださいといわんばかりの、わかりやすい尾根である。さて、現実はいかに。

そこのカーブミラー脇からいったん林道に入るのだと、偵察の成果をタナカさんへ誇らしく示すと彼は、はいはいとひょうひょうとした様子で先を歩いている。今日は先週の偵察日とは打って変わって春めいた天気で、われわれが歩くアスファルトはすっかり乾いていた。今から雪山へ入ろうとする重厚な兼用靴が、春のアスファルトに二足歩行型ロボットの行進のような重い音を立てる。

林道は除雪はないが、除雪車が寄せた雪の壁がほかより低くなっていて這い上がりやすくなっていた。スキー板を放り上げ、続いて自分の体を雪の上へ上げる。はじめての山スキーで田代岳に行ったとき、ただの雪壁を入山ポイントと見定めるやいなや、強引に突破していく山男らに唖然としたものだったが、今ではこの、一種の人間社会からのささやかな逸脱にもだいぶ慣れた。

尾根は、地形図では草地マークがあったものの実際は杉林となっていた。しかも気持ちが萎えるほどに混んでいる。山スキーで突破できるのかと心配になり、どうしたものかとタナカさんを見るのだが、かの頼みのリーダーの関心はそこにはなく、杉の木に黄色いおびただしい蕾を見つけたようで「スギ花粉、準備中」などと言ってニヤリと笑っている。

そうか。杉林の混み具合は問題ではないのだなと学びながら、わたしもタナカさんに付き合って杉の花の蕾をしばし眺めた。

取付きこそ杉の木がうるさく混んでいたのだが、Ｐ８１４を過ぎるとなだらかな山腹にブナやカラマツの森が広がり、樹間も開き気持ち良くスキーが進む。やや傾斜がきつくなる山頂直下の山腹から見上げれば、平坦な稜線に小さな三角の盛り上がりがあった。それが目指す石黒山の三角点ピークだ。

石黒山の山頂部は東西に細長い。なだらかな稜線の東と西にふたつのピークが対峙していて、東にあるのが今日、目指して来た三角点ピークだ。標高１０９７メートル。

西ピークはここから５００メートルほど先にあって標高１１０３メートル。西のほうが６メートルばかり高いのだが、それはブナ林の緩やかな稜線のなかにあり、ピークと呼ぶほどの明確さはない。それでもせっかくなので最高地点を踏んでおこうと、注意深くまわりとの高度差を伺いながらうろうろし、ようやくここかもしれないと１１０３メートルを特定し立ち止まった。

石黒山の細長く平坦な山頂部は、二次林らしい若いブナに覆われている。細すぎず太すぎないほぼ同じ幹回りのブナ林は、殺風景な雪原をやさしい灰色で和ませてくれる。整然としたブナの木立ちのなかに、見ればクマ棚がひとつ。ブナ林に添えられたささやかなチャームポイントである。幹をよく見れば、クマが木登りをしたらしい丸い爪痕が点々と並んでいた。

おだやかなブナの色彩といい、樹木の間隔といい、対峙したふたつの緩いピークといい石黒山は、すべてが心地よい距離感に保たれていた。緊張感から縁遠いようなこの山頂に、しばらくじっと立ち尽くしていたのだが、なんだか平和な気分がこみあげてきて、わたしは山スキーを外して雪の上に仰向けに寝転んでみた。芽吹きにはまだ遠いブナの枝の奥には、霞みがかった青空があった。

タナカさんが呆れたようにわたしの行動を笑って眺めている。

そうだ写真を撮ってくれと、タナカさんへ寝っ転がったままカメラを渡し、あれこれ注文をつけて数回シャッターを押してもらう。想定していたのは、泉に横たわり沈みゆくオフィーリアを描いたミレーのかの名画であったのだが、どれどれと起き上がって画像を確認すると、そこにはわたしの意図はまるきり反映されておらず、おそらくタナカさんが得たインスピレーションそのままの、山のてっぺんで寝っ転がる奇妙な人がフォーカスされているだけだった。

これではやりなおしだと当のカメラマンを見れば、すでにタナカさんの足も気持ちも小白森山へ向いてしまっていたので、わたしもオフィーリアのことはさっさと諦めてスキーを履いて後を追う。


平和な石黒山をあとにし、広い稜線を緩く登れば小白森山。ここまでの美しく、心肺機能に負担のない、天国の散歩のような行程があらかた終わると、日常へむけての急降下ともいうべき下山が待っている。

ここから先は、まだ深い雪の下の夏道ルートを鶴の湯温泉を目指して下りていくのだ。主稜線から下るほどに尾根は分岐をくり返して複雑になり、樹木は密度を増して視界を奪うので、この先は慎重なルートファインディングが必要となってくる。そのうえ傾斜がきつい。

ちょうど航空機の着陸が難しいのに似て、積雪期における下山も無事日常の地上へ降り立つまでは、なにかと神経をすり減らすもののようだ。雪に埋もれたモロビの間を縫って、小白森山の山頂を過ぎたタナカ機長、着陸態勢に入るべく地形図を広げコンパスを当てる。

せっかくここまで道のない雪の上を自由に歩いてきたのだから、できれば下山時も夏道コース以外の、新たなルートを取れないものかとわたしは野心的になって地形図を眺めた。

だが鶴の湯温泉に至る合理的なルートは既存ルートのほかには見当たらない。

それでもと、わずかでもいいから夏道よりも合理的なルートを開拓したつもりで進んでみたのだが、あとからGPSのログを確認したところトレースはきれいに夏道をなぞっていたのでがっかりした。このコースはそれほどまでに完璧な登山道ということなのだろう。

目指すゴール間近、辿っていた平坦な痩せ尾根が突然ばっさりと寸断されて、雪に埋もれた林道に出た。斜め下にカーブミラーが見下ろせる。だが、そこへ直接降りるには2メートル以上の高さがあったので少し引き返し、下るというよりはずり落ちると表現するほうがしっくりくるような急斜面を、強引にスキーで横滑りに下って日常への着陸を果たした。

入れ違いに一羽の雉が我々に驚いて、ばたばたとした様子で彼らの日常である空へと離陸していくのを見送った。まもなくスタート地点の鶴の湯温泉だ。雪が切れたら山スキーを脱いで、あとは数十メートルを兼用靴をがこんがこんと鳴らしながら、春のアスファルトをクルマまで歩くだけである。

（二〇〇九年四月）

誰もいない山に行く

さぁ、おいで！と誘う森吉山のモンスター

夜明け前の鳥海山

先に行ってもらいましょーよー！と、パーティーの最後尾が、追い上げてきたわたしに気をきかせて、前を歩く仲間に道をあけるように促す。またたくまにその提案は伝言ゲームのように先頭へと伝わって、あれよあれよという間にさあどうぞと狭い登山道はさながら組長の出迎えシーンのようになって、見上げればずらりと十人以上が脇へ避けており、わたしの目の前にはこの親切なパーティーによって目もくらむような急な登山道が用意された。

いまさら断るわけにも行かず、腹を決めてしかも足早にその一〇人の脇をすり抜け、そしてまさかその先頭を追い抜くなり即座に立ち止まってぜいぜいと休むわけにもいかず、ここはぐっとこらえて勢いを保ったまま彼らが簡単には追いつくことのできない領域まで一気に突き進むこととなる。こうなるともう、山頂まで常にこのグルー

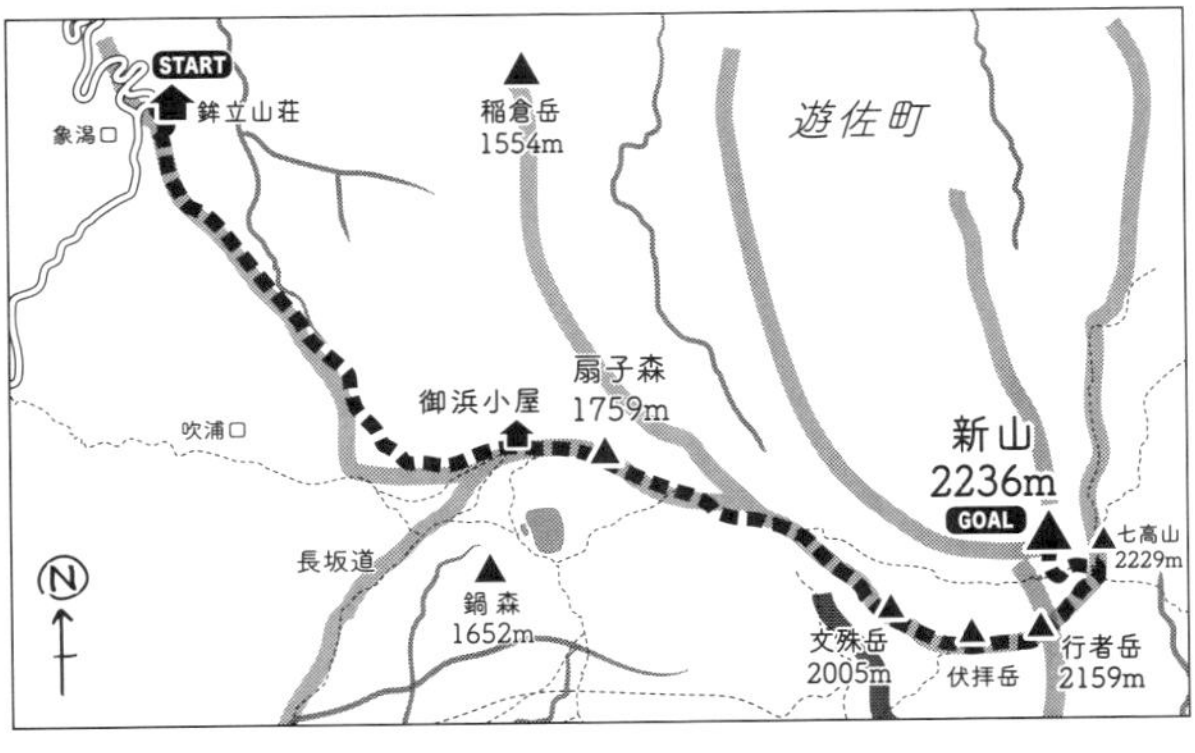

プに追い越されないように間合いを気にしながらの行程がはじまる。

ついついカメラのピント合わせだの、露出だのにこだわって立ち止まっていると、のんびりながらも一定のペースで確実に登ってくる彼らの声が徐々に近づいてくるので、早々に様々なこだわりを打ち捨てて再び一定の距離を作るために出発しなければならない。さもなければ再びわたしは組長としての仁儀を全うすべく、親切な十人の脇を一気に登りあがる事態となるのだ。

鳥海山のポピュラーコース登山につきもののこうした類の礼儀のやりとりを思えば、できることならこの手の親切の世話にならずに、穏やかに自分のペースで鳥海山を登りたいものだと考える。ならば人がいないときに登る他ない。いやまさかこの東北きっての名峰でそんな贅沢が望めるものか。森吉山ならば雨の日を狙うこともできるが、こちらは登山口の段階ですでに森林限界を越えるような、標高２０００メートル級の吹きっさらしの単独峰だ。悪天時には確かに人っ子一人いないだろうが、代わりに相当な命がけとなり楽しむどころではないだろう。山は誰のものでもないのだ。名だたる百名山の独り占めを企む自分を一旦はたしなめたが、ふと頭の中で固定観念の解放が起こったらしく、いやまてよと閃いた。

十月も半ばの午前三時すぎ、夜明けの気配もまだ遠い真っ暗なクルマの後部座席でプロトレックのアラームを止めた。半身起こして車の外を見れば、鳥海山の鉾立にある駐車場は当然のことだがまだ暗く、空には月が明るくあたりを照らしている。頼りとすべき月の光であるのだが、いまの自分にはその月が、さながら天に君臨する夜の象徴としか捉えることができず、思いがけず山の夜に怖気付いていた。

夜明け前なら人がいないいじゃないいか！　発想の転換とはこのことだとばかりにその大胆な閃きに有頂天になったまま昨晩、車中泊するべく登山口にやってきた。がらんとした駐車場にはどうやら登山者のものらしい車が一台あるだけ。中に人がいるのかどうかは伺えない。ほかにもわたしのような着想を得たライバルが集まって来るだろうかと、数時間後の出発に備えてシュラフにくるまって耳を澄ましていたが、鳥海山五合目登山口の夜の静寂は破られることなく、わたしもいつのまにか眠ってしまっていた。

まだ夜中だなと車の外を何度も伺いながら、のろのろとシュラフを抜けて身支度をした。クルマの中で登山靴も履き終えて夜露に備えてのスパッツもつけてしまうと、もう他に用意するものはなくなった。あとはザックを背負ってドアを開け、出発するだけだ。しかし昨晩の意気揚々とした気分はすで消沈し、目の前には不気味な夜の山があるばかりである。

考えればこんないつ雪が降るかしれない晩秋に、団体登山客が徒労を組んでわたしの進路を不便にするほどに押し寄せるわけがないのである。明るくなってから出発しても、十分ではないだろうか。ようやく冷静かつ合理的な思考が機能しはじめ、コーヒーでも飲むかと考えたそのときである。

例の先客駐車のクルマの主がヘッデンを灯して、躊躇のそぶりもなくさっさと闇のなかをただ一人出発していくではないか。あッと思うなりわたしは、さきほど現れた冷静で賢い自分を押しのけてザックを掴んでいた。

今日の鳥海山を渡してなるものか！

出発を逡巡していたときには夜の使者のように思えた月も、歩き出してみれば煌々と石畳の登山道を照らしてくれるありがたい友となる。先に出発した、鳥海山をめぐるライバルのヘッデンの灯りはだいぶ遠い先にチラチラと揺れて見えた。

月が励まし、ライバルに闘志をもやす道中とはいえ、暗がりのただ一人だけの山道に不安がないわけではない。乏しい視界を補う作用なのか、嗅覚が敏感になりいつもは嗅ぐことのないような、バナナのような謎めいた香りを鼻腔が拾う。夜中の山でバナナとはと、その正体の見当がつかずいたずらに不安ばかりが掻き立てられる。できる対策とすれば、せいぜい小ぶりなクマ鈴の用意があるだけなので、バナナの匂いをまとう相手が誰なのか知らないがとりあえず、クマ鈴を取り出し形ばかりの用心とした。

七合目の御浜に差し掛かる頃、空が白み始めた。天空からわずかに西に傾いた月の光はいつのまにか艶やかさを失いつつある。地平の縁にはうっすらと紅が滲みはじめ、朝が訪れようとしていた。まだ夜の底にひっそりと沈んでいる鳥海湖を過ぎ、大小の岩場の暗がりのルートを、ペンキで標された矢じるしや○印を慎重に拾って扇子森の平たい丸いピークにぬける。

扇子森に上がると新山のシルエットが東の空に大きく浮かび上がった。その新山の背後の空に朝と夜の境目があるらしく、紅色と群青が混じり合い打ち消しあって、色彩のない白い空が広がりつつあった。せっかくだから鳥海山の夜明けに付き合おうかと、ザックをおろしガスを取り出す。さっきまで追いかけていた仮想ライバルについては、相手が御浜で一息入れているところをとうとう追い越したところである。したがって心はアドレナリンから解放され穏やかである。

朝の光は空に静かに満ちはじめているが、足元はまだ夜である。ボッと音をたてて青い炎が薄い闇に光と熱を力強く放出する。夜明け前が一番冷え込むと聞くが、確かにこの夜明け数分前にして気温がぐっと下がった。濃いめに作った熱いインスタントコーヒーが、チタンのマグごしに手袋の指先を温めてくれる。青く冷えた空気に白く穏やかな湯気が立ち上り、心地よい熱い苦味がしみじみと体に染み渡っていった。

鳥海山の鉾立コースは、外輪山をたどるコースと、外輪山をいったんおりて直接新山へ向かう千蛇谷コースの二つに分岐する。外輪山コースが若干遠回りになり、しかも文殊岳、伏拝岳、行者岳といくつかのピークのアップダウンがあるのだが展望が良い。今朝は風もないので外輪山コースへと岩場を抜けた。

あたりが明るくなるにつれ、草紅葉に覆われた晩秋の景色が現れた。もうそこには光合成や受粉に忙しい植物も、その間を縫って飛び回ったり囀ったり威嚇したりの鳥たちの騒動もない。鳥海山一帯は、生命の盛大な宴の果てに、悟りの境地にでも入ったかのような穏やかな沈黙で満たされていた。

静まり返った外輪山に朝日が差し込んできた。彩りを失い、冬を待つばかりの枯れた植物にも日が差すと、それらはいっせいに金色に輝きはじめた。その煌めきはしかし相変わらず静かである。瑞々しい草花が朝日を反射して放つ力強い輝きはすでにどこにもない。

鳥海山の最高峰、新山は大物忌神社の背後に累々と積み重なる大きな岩を登った頂点にある。いったんその岩場に入り込むと、いったいどれが新山山頂なのか見当がつかなくなるのでコースはかなり丁寧に、灰色の岩に赤ペンキで矢じるしやバッテンや丸じるしが記されていて、ふつうは悩むことなく標高2236メートルに立つことができる。

ところがどうしたことか、山頂直下の岩場まで来てわたしはルートをすっかり見失い、頭上に林立する岩のどれが、かの目指してきた山頂なのかわからなくなった。今更ここから岩を見上げてその高さのどちらが高いのかなどの目分量などアテにならない。いつもならば、2畳ほどしかないその山頂の一点に多くの人が集中するので一目瞭然なのだが、あいにく今朝はわたしのほかに誰もいない。いっそかたっぱしから全部、山頂候補の岩に上がってみようかと覚悟を決めて思いつめたとき、突然に岩の一角に人影が現れてひょいひょいとそこから降りてきた。

どうやらそれが新山、鳥海山の最高峰である。挨拶のタイミングもなしにあっという間に行ってしまったが、鉾立コースのライバルではない。祓川から登ってきた別の登山者かもしれない。おかげで鳥海山に独自のルートを開拓する必要はなくなり、わたしは鳥海山の山頂

２２３６メートルに立つことができた。本日の一着登頂とはならなかったが、穏やかな心で考えれば山登りは競技ではないのだ。山では二位でも表彰台の一番高いところに立つことができる。そう、三位でもたとえビリ着でも。

誰もいない新山山頂は初めてだ。その、空に高く差し出されたような頂点でコーヒーを淹れて、ただ一人の時間と空間をじっくりと寛ぐ。

（二〇〇八年一〇月十八日）

廃道の中岳

沢屋のタナカさんと沢登りを予定して集合したのだが、空はいつ雨が落ちてくるか知れないどんよりとした曇天である。雨の日に沢登りなど自殺行為に等しい。沢は中止となったのだが、このまま解散するのも何だか締まりが悪かったので、一般コースを使って中岳と四角岳はどうだろうと、タナカさんが沢の代案を提案してきた。岩手県側からの登山道がこんな天気の日にはラクだろうと地形図を広げコースを示す。

変わり者のタナカさんにしては、珍しく普通の登山者みたいなセレクトであるが、その独自な琴線を鳴らした理由が四角岳である。そこには秋田県、岩手県、青森県の三県の県境が接するレアなポイント、三県境があった。ちなみにわが秋田県にはこのトリプルポイントはほかに2つあり、栗駒山と秣

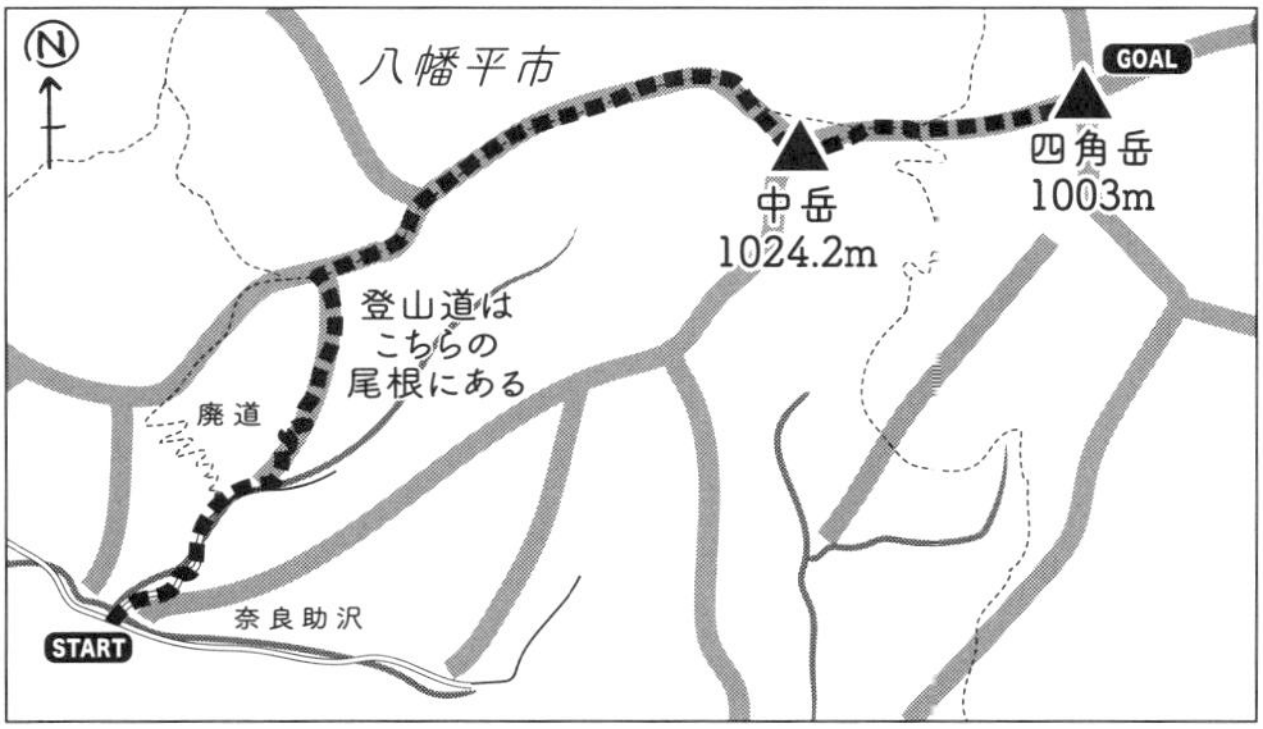

岳の縦走路に秋田、岩手、宮城の三県境が、そして神室山の南、軍沢岳から伸びる県境稜線上に秋田、山形、宮城の3県境がある。

中岳と四角岳は同じ稜線上に連なる二つのピークである。中岳はちゅうだけと読み、標高1024メートル。山頂には一等三角点と、猿田彦の石碑がある。その1キロほど東に四角岳があり、こちらは中岳より標高は低く1003メートル。この広い平坦な山頂に三県境が集合する。

地元ではこのふたつの山は、飢饉を予告する信仰と畏怖の対象であったらしい。ふたつの頂は東山と一括りに呼ばれ、ここに雲がかかると風が吹いて飢饉が起こるとか、四角岳の鬼が風を吹かせて飢饉を起こすなどの伝説が残る。

あ、やべ。もう長いことごつごつとした林道をクルマで進んでいたが、奈良助沢の枝沢沿いの道に入ってまもなくタナカさんが、言葉のわりにはさほどでもなさそうにひょうひょうとしてつぶやいた。

どうやら予定していたラクな登山道への林道を見落としたらしい。クルマを回転させるようなスペースもなく、仕方なくそのままがたごと細い道を進んでいたが、ふと思いついたらしく、こっちにも登山道があるようだから、今日はそのコースを登ろうかと言い出した。代案のさらに代案である。いや、こういった展開は行き当たりばったりと呼んだ方がいい。

地形図を広げると確かに、急な山腹を九十九折に稜線へ向かう登山道があり、中岳と四角岳のコルへと伸びている。このコースから登っても三県境の目的に支障はなさそうだ。最初の稜線までの突き上げがきつそうだが、あとは等高線の間隔もほどほどに間延びして、ラクに登るという当初の目的についても満たしてくれそうに思えたのだったが…。

ところで、国土地理院の二万五千分の一地形図については、登山者が信頼を置く装備のひとつではあるが、しかしゴアのウエアや登山靴などのように登山者に特別な便宜を図って作られたものではないということを、わたしたちはときどき思い知る。谷や稜線などの国土の天然の姿については、さすがは国土地理院、完璧だ。しかし登山道については鵜呑みにするわけにはいかない場合がある。こと、マイナーな山域の登山道のように、たまに訪れる奇特な登山者によって存在が保たれるような辺鄙な道ほどである。

今日選んだ道がまさにそれだ。わたしは目の前の笹薮を掻き分けながら、それを思い知る。笹薮は進むにつれすっかり登山道を征服し、しまいにはわれわれの頭上までを覆ってその繁栄ぶりを誇示しはじめた。目の前も頭の上も笹薮である。その太い笹を両手でかき分けながら、足はかつての登山道、つまり廃道を慎重に拾って進む。

地形図に記された登山道はいつの時代まで生きていたものだろうか。このコースは、そもそも登山口直後から正確さを欠いていた。いや、正確さを欠く、というよりもいつからか自然の奔放な力にすっかり降参し、なすがままに放置されていた。

本日、行き当たりばったりで選んだコースは、林道わきでクルマを降り沢を渡って取り付きまで歩かなければならないのだが、沢にかけられてあった橋は中央から真っ二つに壊れており、その脇に丸太が三本渡されていた。壊れた橋の代用のようであるが、その丸太はいつ壊れても惜しくないような、いかにもどうせまた流されるべという無常感を漂わせていた。いっそ沢を渡渉したほうが安全な気すらしたが、怖々とそれを渡ってしばらく行くと、尾根の先端になにやらぼろぼろの杭が立っていた。

近づいてみればそれは登山口を示す標柱のようであるが、熊にさんざんかじられひっかかれされたらしく、ふた回り近くも削られておりささくれだった木肌には黒い硬い短い毛がこびりついている。そこから得られる情報といえば、ああこれはかつては標柱だったのだなということだけである。

そして登山道であるが、地形図の示す尾根ではなく一本北の尾根にあった。美しいブナ林のなかの登山道は広く手入れされ、ここに至るまでの壊れた橋や熊に滅ぼされようとしている標柱を見たあとだけに、登山道の素晴らしさはとても意外だった。このコースはずっとこの調子で、われわれを中岳まで連れて行ってくれるのだろう。われわれはこの登山道を信頼しきっていた。

だがこのコースが本領を発揮し怪しくなってきたのは、P８０６を過ぎたあたりからである。ここまでの登山道の手入れの良さや広さにすっかり気を許していたので、ちらほら現れ始めた刈払いの不十分さは局所的なもので、道は再び快適に蘇るのだろうと信じていたのだが、意に反し笹藪は進むほどに栄華を極めた。

もう少し行けば、もう少し行けばと明瞭な登山道を求めて藪をかきわけて来たが、もはやここはタケノコ採りかクマぐらいしか入らない場所のようである。しかし引き返すのも悔しいので、意地になって藪をかきわけて前へ進み続けた。

進めど進めど笹藪であったがいつのまにか樹木が低くなっていて、かきわけた藪の先に三角形のピークが見えた。方向的に中岳だろう。中岳ならば手前の小ピークとのコルから山頂を巻いて登山道があるはずだと、地形図に点線で記された登山道を藪の中に探そうとしたが、山頂直下の急登にさしかかると笹藪の猛威はさらに極まり身動きすら困難なほどに濃くなった。

あるかどうかわからない登山道を探す余裕は消え失せ、目の前の笹藪に対処するだけで精一杯だ。山頂まで残り70メートルかそこらの標高差なのだが、これでは登山というよりも笹の荒波を遡行しているかのようである。

笹の背が低くなってまもなく、ぽんと山頂らしい空間に飛び出た。中央に標柱と、一等三角点。そして猿田彦の石碑。

中岳である。重く雲がたれこめ一等三角点にふさわしい展望は効かないが、まぎれもなく中岳である。ラクしてさくっとハイキングするつもりで目指したはずの中岳である。

四角岳への縦走路もさぞかしと覚悟してそちらへ足を向けてみると、そこにはまるで別天地のように広く刈払いされた登山道があった。さきほどの野性味あふれる行程とは打って変わっての手入れされた道をたどれば、四角岳はすぐだった。

広い山頂は樹木にさえぎられ展望はないが、三県境ポイントであることについては大きな標識が掲げられていて、ここが四角岳山頂であることよりもはるかに力が入った宣伝がなされていた。

その標識をぐるりとめぐれば、秋田県、青森県、岩手県の三県を移動したことになるのだが、その先々にきりたんぽやわんこそばなどが用意されているわけではないので三県踏破の実感は当然ながら薄い。秋田県、岩手県、お次は青森県と忙しく唱えて三県を巡って、三県境記念とした。三県境の言い出しっぺのタナカさんはと言えば、自らの希望でやってきたというのに、ふーんと標柱を眺めただけであっさりしたものだった。

地形図によれば四角岳と中岳のコルから、ちょうど950メートルの等高線に沿って中岳の山腹に巻道があるはずだ。その道が使えるなら、帰りは中岳を登り返す手間も省け、そして山頂直下のどう猛な笹薮との格闘も免除される。

われわれは念入りにその道の捜索を試みたが、どこにも明確なラインは見当たらない。わずかでも踏み跡があれば何とか対処できるのだがとさらに頭を低くして笹薮に目を凝らしてみたが、やはりその道を検出することは叶わなかった。気楽な登山道を求めてここまでやってきたが、ついに最後の期待であった巻道も幻となった。いいかげん、ラクな山歩きへの未練などきっぱりと捨てるべきである。

ついに雨が落ちて来た。

われわれは中岳の急登を登り返し、へとへとになりながらも気持ちを振るってふたたびあの手強い薮に突入した。雨が笹薮を重くし、往路の踏み跡はすっかりデフォルトされていて、またゼロからのルートファインディングである。脚には疲労が出始めているが、気持ちはぎゅっと研ぎ澄まされていて、無事に帰るための情報を薮の中に見落とすまいと必死である。

今持てる能力のありったけを発揮できるときほど、人間にとって幸せなことがあるだろうか。日常社会のなかでは、存分に知力体力を解放する機会もなく鬱々としている自己が、こんなささやかなサバイバルの瞬間に息を吹き返す。

ところで、ラクな山歩きをしに中岳へ行こうと考えたのは、一体どこの御一行だっただろう。

（二〇〇九年七月）

吹雪の森吉山

ようこそ！　樹氷王国へ！

ここは森吉山、さあもっとこっちへ！

そのロープを潜っておいでよ！

ほら！　森が白く輝いているよ！

これが雪山だよ！素敵でしょう！

あとは知らないよ！

グッドラック！

ゴンドラ終点から樹氷平を抜け、石森に到着するころになると、さっきまでメルヘンチックな樹氷を見せていた森吉山は、あっというまに夢の世界の幕をおろし、前後左右上下から容赦ない吹雪となって暴れはじめた。魅惑的に誘うだけ誘って、冬の森吉山はだいたいこんな調

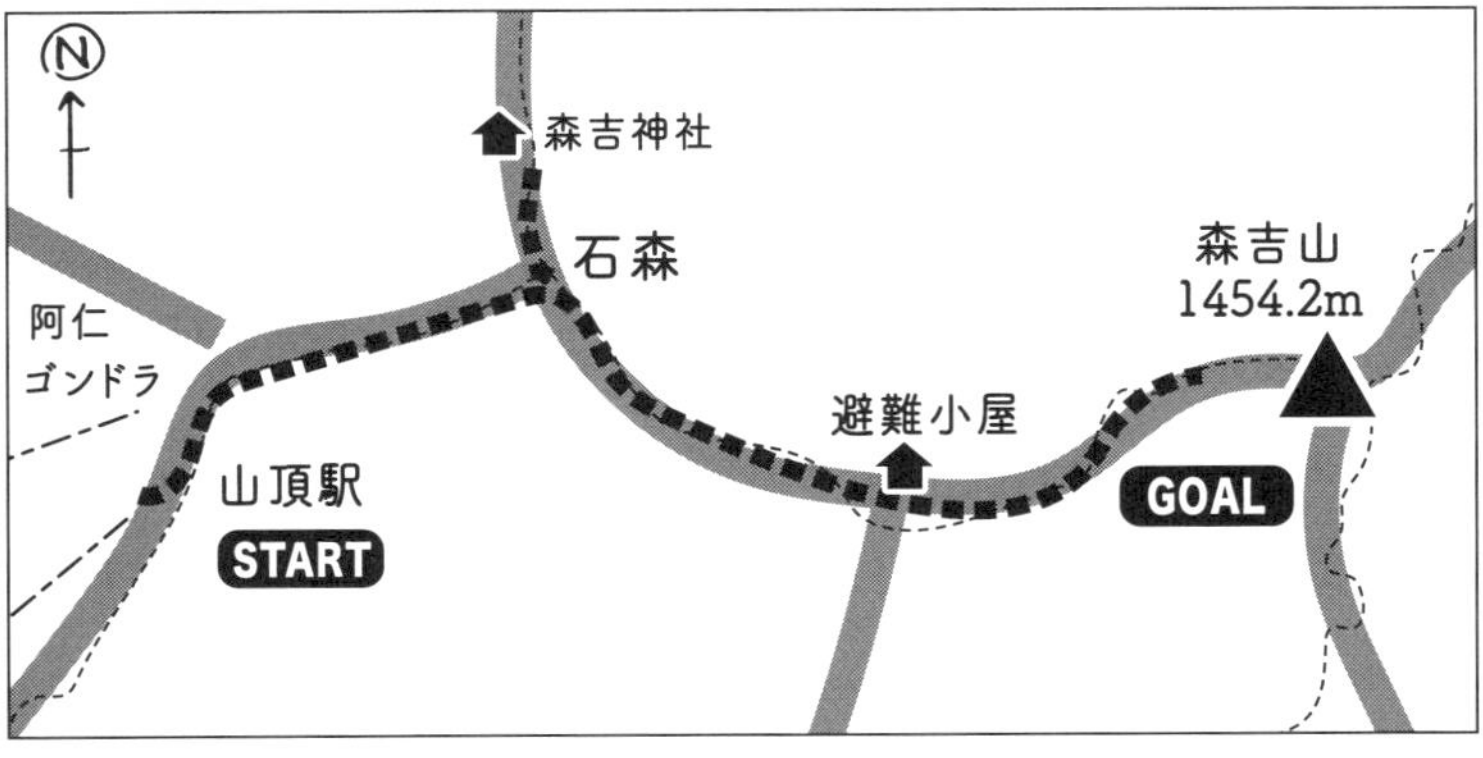

子で気まぐれである。

まあいいや。今日はルートファインディングの勉強がてら、ひとりでやってきた真冬の森吉山である。ほどほどの悪天はむしろ都合がいいくらいだ。

ザックには作ったばかりのルート旗、磁北線を執拗に書き込んだ地形図、コンパス、GPS。だがGPSの登場は最小限とし、今日の頼るべき主役はコンパスとルート旗だ。

ルートキというものを初めて知ったのは、矢留山岳会に入会してまもなくの例会だったか飲み会だったか、いずれにせよ彼らの尽きぬ山の話を聞いていたときである。雪山のルートファインディングについては、GPSも読図の知識も経験も備えている山男らが、いかにルートキが頼もしいかについて話しはじめたのだ。山で吹雪いて視界が利かないとき、ルートキがふわっと真っ白な世界に浮かび上がって見える瞬間、いかにわれわれは勇気付けられるか。そんな内容である。

わたしは矢留山岳会に入会し雪山を知り、ひとりで出かけた早春の雪山でさっそく道迷いの洗礼を受けたばかりである。山男らが絶大な信頼を置くルートキなるものがあれば、わたしは雪山で二度と半べそをかくことがなくなるに違いない。山男らにとってルートキは、雪山の安心を補佐するもののようであるが、わたしにはそれはまだ見ぬ新天地への出入りを許す、ぜひとも入手すべきキーアイテムに思えた。

ルートキとはなにかと彼らに聞くと、竹竿のようなものの先端に赤いテープを巻いたもので

「キ」は「旗」のことであるとのこと。これを、一定の間隔で雪面に突き刺しながら進み、下山時にはこれを辿ればルートロスのリスクが大幅に減少する。

てっきり、「キ」は機器のキでなんらかの電波などを放ちながら登山者の前を浮遊し、取るべきルートをピーピーと電子音で知らせ導くようなＳＦ的な装置を想像していたわたしは、その正体が簡易的な旗であることを知り、ああと軽い落胆とともに納得した。つまり、ルートキとはヘンゼルとグレーテルのパン屑のことである。

落胆したのは想像していたものすごい発明品とのギャップについてであって、その原始的な仕組みならではの、絶対的とも言える有効性についてはそれはそうだよなと素直に感嘆した。

さっそくルート旗を山岳会の正月の山行の際に見せてもらった。このときサガさんやミウラさんにその作り方をいっさい聞かなかったのは、まだ雪山経験の浅いぺーぺーが、無謀にも雪山にひとりで入山したいという野望を抱いていることを悟られたくなかったためである。

言えばきっと止められるだろう。そしてきっとわたしはそれを振り切ってひとりで雪山に入るのだ。その行動は彼らを裏切ることと同意になる。そう思うと心苦しい。だからわたしは密かに、見よう見まねでルート旗を作ることにしたのだ。

ルート旗は重くてはいけない。長さは1メートル以上欲しい。先端に巻きつけるピンクのリボンについては、サイトウさんが工事用品売り場で買ったと話していたので、ホーマックやヤマキの店内をくまなく捜索して発見。本体の棒の部分はチシマザサなどの太めの笹竹のようであるが、さてどこで入手しよう。山から採って来たところで、それをどう加工すればいいのか分からないし何よりも面倒だ。

その入手について解決策が見つからず何日か過ぎ、落胆して家に帰ったわたしを飼い犬のはるが盛大に出迎える。はるは秋田犬の雑種で赤毛の中型犬だ。もふもふとした毛が暑そうで、犬小屋には日避けにとよしずを立てかけてある。そのよしずを、はるの尻尾がぶんぶんと叩いている。はるの仕事ぶりを褒めながら頭や背中や肩をぐいぐいと撫で回しているうちに、その高速回転する尻尾が叩き続けているよしずが目に止まり、わたしはあッと閃いた。

よしずとして編み込まれたヨシは、長さといい、太さといい、軽さといいこれこそ、わたしが探し求めていたものではあるまいか。さすがに犬からこれを奪うのは気の毒だったので、翌日ホーマックでよしずを購入し分解した。丈夫で軽いヨシはバラせば一本3メートルほどもあり、これを適当な長さに切ってその先に蛍光ピンクのテープを巻けば念願のルート旗の完成だ。わたしの世界がこの十数本のルート旗によって果てしなく拓けて行く気がした。

積雪期の森吉山へのルートは、ほぼ夏道と同じである。樹氷平から「この先は自己責任で」と注意書きされたロープをくぐって石森へ向かう。石森は1308メートルのピークで、こめつがコースとの分岐に位置する。石森までの尾根は視界さえあれば特に危険はないのだが、南側に崩壊地がありそこに雪庇ができる。視界の悪い日はこの雪庇を踏み抜かないように注意が必要だ。コンパスを頼りに山スキーで緩い尾根を慎重に行くと、こんもりとシュカブラが発達したピークが吹雪のなかに現れて石森に到達した。

石森で次の到達地である阿仁避難小屋にコンパスを合わせる。地形図を取り出し、胸の前で教科書通りにコンパスを当てた。あちらが目指す阿仁小屋かと吹雪のなか顔を上げるが、相変わらずの白いだけの世界である。先行するトレースもない。吹雪の石森にいるのはわたしひとりだけである。

さっそくザック脇に束ねてあるルート旗を二本引き抜いて、石森からコルへの下り口に刺す。長く垂らしたピンクのリボンが、風を受けて躍動しはじめた。コルへと降りながら何度か振り返って見てみるが、真っ白な世界にくっきりと浮かび上がるルート旗のなんと頼もしいことだろうか。そのルート旗が見えなくならないうちに、さらにもう一本を雪面に刺す。こうすることで自分の往路だけは明確に残り、これをたどって帰ってくることができるわけだ。

石森から阿仁小屋まで距離にして1キロもない。一本の尾根で結ばれた地形はシンプルなのだが、のっぺりとして広いのだ。広いほどに迷いやすい。この広い地形に、いかにすっきりと無駄のないルートを取ることができるかが、ルートファインディング力の試金石となるのだと、山仲間が話していた。その軌跡は、ルート旗によってしばしのあいだ他の登山者の目に晒される。無駄のない整然とした軌跡であれば他の登山者の賞賛を受けることもあるだろう。

逆に、吹雪のなかを右往左往したあげく、不安にまかせてルート旗をめった刺ししての行進の場合、万が一にも吹雪が止むなどして白日のもとにそれが晒されようものなら、多かれ少なかれ失笑を買うことにならないとも限らない。

だがわたしは初心者だ。今の段階では、雪面にかっこいいルートを残すことができなくても、いろいろ学んで無事に帰って来られれば十分なのだと開き直り、猛然と吹き付ける風雪のなかひとり、石森でセットしたコンパスに命運を預け、一歩一歩を祈るような気持ちで山スキーを進め、不安の度合いに比例するかのように、そこかしこにルート旗を打ち込みながら阿仁小屋を目指すのだった。

コルからの緩い登り返しが始まったのであと少しで小屋だなと予想する。すでに二度ほど吹雪のなか訪れた場所だったので、馴染みのある雰囲気に少し安堵した。モロビの木立を抜けて頭をめぐらすと、十メートルほど離れた場所に吹雪に霞んで黒く阿仁小屋の二階部分が見えた。どうやらコンパスが若干ずれていたようだ。完全なホワイトアウトだったら見落とすところだった。そのずれたルート上にもルート旗を刺しながら阿仁小屋へ向かう。

阿仁小屋は二階建てなのだが、積雪期は一階部分が完全に雪に埋まり、二階部分がかろうじて雪の上に出ているだけである。雪が多い年だとその二階もすっぽり埋まって屋根ばかりとなる。スキーを外し、凍りついた2階の窓の雨戸を難儀して開けて中へ入った。

建物の中とはいえ室温は外と大して変わらないのだが、風雪がないだけでもだいぶ気持ちがほぐれる。ガスを出して湯を沸かす。ドリップコーヒーをマグカップにセットし終えると、青い短い炎に手をかざしなけなしの暖にすがる。山頂、どうしようかとこの後の予定をぼんやり考える。窓の外は真っ白である。

　コーヒーを飲み終えたころ、人の気配がして男性登山者がひとり小屋に入ってきた。「旗が刺してあったのでここまで来れました！」小屋にたどり着いた安堵からか、晴れ晴れとした表情でわたしへトレースの礼を述べた。聞けば、宮城県からはるばるひとりでやってきて初めての森吉山とのことである。雪山経験はさほどなく、この視界不良でどうしようかと迷ったところにわたしのルート旗がはためいていたとのこと。礼を言われてやや落ち着かない。

　それからすぐに今度は3人グループがどやどやと小屋になだれ込んできた。

「あなたの旗を辿ってきました！」ありがとうございますと先頭の女性が清々しい笑顔で礼を言う。いよいよわたしは居心地が悪くなり、あいまいに頷くほかなかった。ここに集った本日の入山者は一様に初心者のようであり、みなわたしの要領を得ない不安の軌跡に導かれ、この吹雪のなか登ってきたのか。そんな簡単に人を信じて大丈夫なのかと人ごとながら心配に思う。

　ではわたしはこれでと小屋を出ると先ほどの男性が、山頂へ行くなら着いて行きたいと天真爛漫な様子で追ってきた。別々に行動したところで、どちらにせよ目的地が同じであれば「着いて行く」格好になる。

　念のため白状するが、自分はいっちょまえにルート旗なんぞを背負っているものの実のところ全くの初心者なので、山頂のつもりでどこに連れて行くかしれない、一緒に行くのはいいがそこは自己責任でと伝えると、相手は構わないと答えて張り切っている。

吹雪はいよいよ盛んになっていく。

森吉山の山頂を取り巻く地形には明確な変化が乏しい。最大傾斜を拾い続けて登っていけば何とか山頂に到達するだろうと考えながらも、樹氷と吹雪のなか、だんだん山頂の方向が怪しくなってくる。

登山道の南にある崩壊地も気がかりだ。雪庇ができるのかどうか分からないが、もしも素人ふたり、うっかりそちらへ迷い込み滑落などしてしまったらアウトである。吹雪のあいまに覗く樹氷群はもはや、魑魅魍魎の百鬼夜行めいて見えてきた。後ろを着いてくる男性を振り返り、撤退を提案すると相手もすぐに同意した。

「あなたのその旗を辿ってきたのよ！」

吹雪のなかルート旗を回収しながら阿仁小屋手前までくると、今日で三度目の同じセリフを聞いた。目の前に単独行の女性がはつらつとして顔を上げている。それはそれはと挨拶を交わし、お気をつけてと山頂へ向かう女性を見送って、わたしはその罪深いルート旗をまた一本回収する。

やれやれ。ルート旗というだけで、これほどまでに見ず知らずの人々の盲目的な信頼を欲しいままにできるとは微塵も想定していなかった。状況に迷ったとき、ひとは目の前にはっきりと方向を示すものさえあれば、不安を察知する健全な思考をあっさりと放棄して、かくも無邪気に第三者に運命を委ねてしまうものなのか。

阿仁小屋を過ぎ、コルの登り返し付近まで来ると一ノ腰が見えた。吹雪が収まりつつあるようだ。空にはうっすら青空さえ見える。ルート旗はあらかた回収したので、きっと本日の入山者は自分らがどんな迷ルートを歩かされたのか知ることなく帰路につくのだろう。石森で同行者と別れ、わたしはここから３００メートルほど先にある森吉小屋へ向かい、阿仁小屋同様に二階から潜り込んだ。

ひとりになりほっとした気持ちで、ラーメンを作り昼食とした。

（二〇〇九年二月）

雨の森吉山

池塘わきにニッコウキスゲを見つけると、わたしはとうとう観念して足をとめた。ゴンドラ駅からここまで、高貴な薄紫色のシラネアオイ、少女のバルーンスリーブのようなアカモノ、パンクヘアーのショウジョウバカマと、ずいぶん多くの山のアイドルたちを振り払うようにしてぐいぐいと歩いて来た。だが、夏のトップスターとも言うべきニッコウキスゲの登場を前になおも、あくせくと先を急いだのでは無粋と言うもの。

ノンストップで歩き続けてきた息がようやく鎮まると、聞こえてくるのはポツポツとレインウエアを打つ雨の軽やかな音ばかりだ。あたりはしとしとと柔らかな雨のなかにあり、黒いモロビの樹林帯は乳白色の霧に溶け込んでいる。疑り深くさらに耳をすましてみたが、登山口を賑わしていた高揚した団体客の

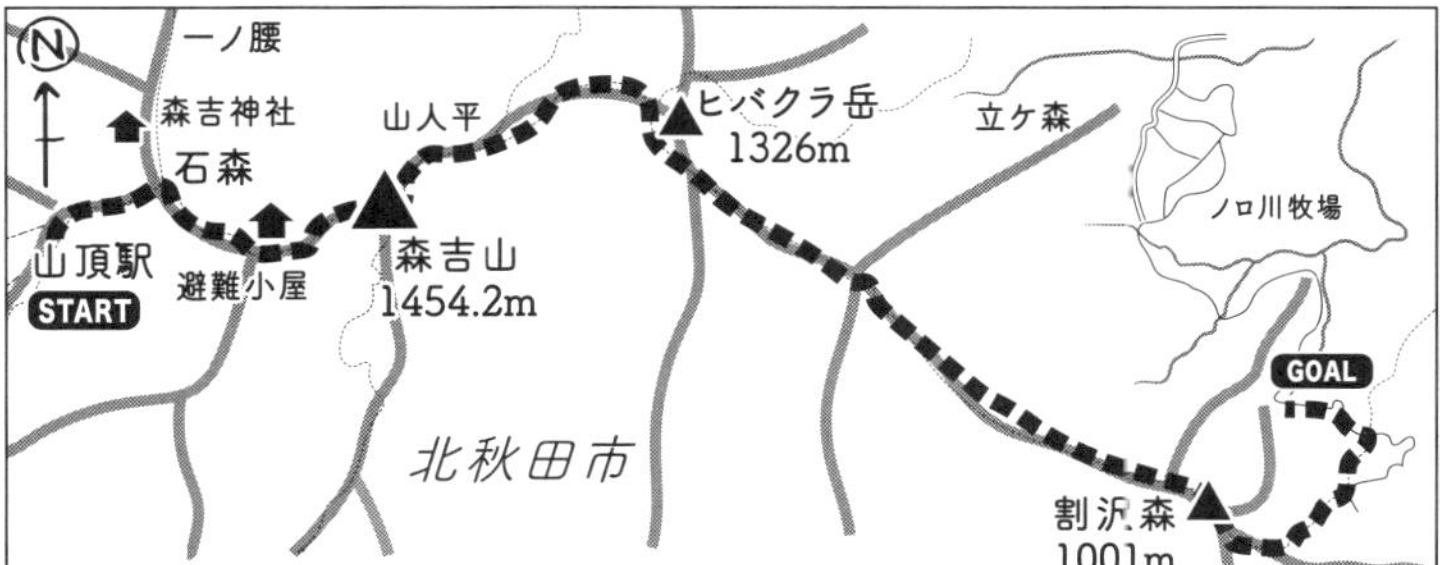

気配はない。ほっとしながら防水仕様のオリンパスを取り出し、ニッコウキスゲの鮮やかな黄色へ向けて敬意を払うようにシャッターを切る。

七月の週末、雨の予報に人がいないことを期待しての森吉山山行を決行した。森吉山にはもう一〇回以上も登っているのだが、わたしはこの山の花の季節を知らない。訪れるのはいつも冬か残雪期ばかりであった。晴れの日や、ましてや花の名山とも称される森吉山が、その称号そのままに一面花で埋もれる季節には、きっと多くの登山者でそうとうな賑わいとなるだろう。それを恐れていたのだ。

わたしは行列の類が苦手である。花の季節の稚児平や山人平などではおそらく、上野のパンダの柵の前のような押し合いへし合いがあるかもしれない。実際はどうだか知らないが、いたずらに膨らんだ恐怖によって花の季節の森吉山には、なかなか足が向かないのだった。

だが、きっと雨の日なら、と考えた。雨だから森吉山へ登るつもりだと山仲間へ伝えたところ、自分は森吉山山頂を挟んだ反対側でタケノコ採りをする予定なので、割沢森方面へくれば帰りはスキー場まで送ってやろうとのこと。山頂を過ぎたら山人平の花を楽しんで、ヒバクラ岳分岐まで下りてきて黒石川コースのどこかで合流ということで話がまとまった。

そんな、雨を味方にすることで静かな森吉山を半ば手中に収めたつもりで家を出たのだったが、いざ登山口となる阿仁スキー場に到着してみると、すでに何台かの大型バスがちゃんと駐車場に並んでおり、登山者のものらしいクルマもそれなりの数が集まっていた。

この名だたる花の名山の集客力の底力というべきか、登山者の花に対する飽くなき執念というべきか、ちょっとの雨空ぐらいではびくともしない双方の驚くほどの盤石ぶりを思い知ることとなった。

圧倒されながらも雨具を着込みゴンドラのチケットを片道分買う。出くわした人の数におめおめと戦意喪失している場合ではなかった。今日は、山人平の花を愛で、ヒバクラ分岐を割沢森付近まで縦走してタケノコ採りの山仲間と合流せねばならないのだ。わたしが取るべき作戦は、とにかく団体客に飲み込まれないうちに一番にゴンドラに乗り込んで、その終点に着いたならできるだけ彼らから距離を取るべく、猛然と登山道を突き進むことだけだった。

森吉山は秋田県の中央よりやや北に位置し、標高は１４５４メートル。花の名山として紹介されることが多く、ガイドブックなどには、イワカガミをアクセントに山腹を埋め尽くすチングルマの群落と、その奥に残雪を頂く森吉山のたおやかな稜線という、まるで絵に描いたような写真が添えられる。

山麓の西には阿仁スキー場があるので、アプローチにも年中不便しない。さらにそこからゴンドラを使えばコースのハイライトまで容易に到達できる。森吉山は、花のシーズンから紅葉、そして樹氷というように四季を通して登山がいかに楽しいか、まさに手を変え品を変えてわれわれ訪れる者たちへ、山の選りすぐりの美味しいところだけを気前よく教えてくれる貴重な山域のひとつである。

雨は絶え間なく降っているが、風がないので気持ちは穏やかである。展望は利かないものの、登山道には木道が敷かれており迷う心配もなく気楽だ。

冬などは、いつ吹雪で視界が奪われるか知れず、常に神経を遣いながらの行進だ。冬の森吉登山しか知らない者が、今日のようにルート旗どころか地形図の世話にもならず、花などにぶらぶらと寄り道したりモロビの甘い香りに立ち止まったりしながら、緊張感もなく阿仁小屋に着いてしまうと、あまりのあっけなさにとても驚く。

雨の中にぬっと現れた阿仁小屋は二階建てでその軒下には、雨具を着込んだ男性登山者がひとり、天気についてはとうに諦めきった達観したような表情でのんびりと佇んでいた。雨ですなあなどの挨拶をかわして、雪の季節には見られない小屋前の池塘に寄り道する。

山頂直下の、雨水で沢のようになっている登山道を抜けるとチングルマの白い点々が無数に山腹を覆い尽くし、見渡せば稚児平だ。平というだけあって広く開けた場所だ。積雪期には、ひとたび吹雪けば簡単にルートを見失うような怖い地形なので、稚児の字にはどこか妖怪子泣き爺の類いの不気味さを感じていたのだが、季節が違うだけでルートはかくも明確になり、さらに花までふんだんに添えられて、夏の森吉山のなんと愛想のいいことだろうか。

チングルマの群落はこの彼方まで広がっているらしい。今日はその先はガスに飲まれて見届けることは叶わないものの、息を呑んで立ち止まるには充分な景色である。他の登山者は見当たらず、たぶん小屋まわりで雨の話などしながら一息ついているころかもしれない。

山頂は岩の間を縫ってわずかに登った先にある。冬はシュカブラを鎧のごとくこんもりとまとい、さながら樹氷モンスター群の親分のような姿で頂上に立たされている標柱は、今は細い柱一本のすっきりとスリムな本来の姿である。相変わらず誰もおらず、腕を伸ばして自分に向けて登頂記念のシャッターを切る。冬はたいてい吹雪に叩かれて、逃げるように退散する山頂に今日は優しい雨が降るばかりである。

岩場をすり抜けて残雪を下っていくと、ガスに霞んだ湿地帯に、背の低いモロビに囲まれて広い池があった。静かな水面に雨がいくつもの水紋を、作っては打ち消し作っては打ち消しを飽きずに淡々と繰り返している。池を過ぎればモロビと笹の森が途切れ草原に出る。

木道が敷かれたゆるやかな起伏の草原を、見渡す限りチングルマが覆い尽くしていた。本日のメイン、山人平だ。雨とガスにしっとりと沈む静かな風情はガイドブックやパンフレットでは見られない、今日だけの、あるいは雨でもかまわずやってくる物好きたちだけが見る世界である。

さすがに山頂を100メートル以上も下って雨の山人平まで来ようという登山者は少ないようで、警戒していた人間との遭遇はせいぜいひとり、ふたりとすれ違ったばかり。そして、ここで出会う登山者らはどこかゆったりとしていて、まるで雨に霞むモロビの森のように森吉山の景色の一部としてなじんでいる。森も山も、花も人も木道も、一様にしとしとと雨に打たれ、境界を失って溶け合っているような穏やかな山の景色だった。

山人平を過ぎると、花の賑わいもまばらになって草原と、潅木と低いモロビのなかを木道が続いていた。ときおり現れる池塘や湿原には雨にうつむいたヒナザクラ、ヒバクラ岳の山腹を巻くあたりでは夏を告げるコバイケイソウの蕾、残雪が見られるコルが近づくとミネザクラ、小池ケ原手前の日当たりのいい尾根にはニッコウキスゲ。人間のカレンダーが告げる春夏秋冬は山では無意味となり、植物たちは雪解けと日あたりによってそれぞれの季節を心得る。

急な登山道をぐんぐん下りていくと、前方で手を振るのはもうタケノコ採りに飽きた様子の山仲間である。さほど雨脚も強くないのでモロビの下で湯を沸かし採ったばかりのタケノコの皮を数本剥いて茹でる。茹で汁ごとカップラーメンに注げば、今日のランチは季節限定&森吉限定のタケノコラーメンとなる。

恵みの雨をたっぷり吸い上げた採れたてのタケノコは、ぷりぷりとした歯ごたえがあり瑞々しい。こんな天気を好んで登ってくる、物好きしか知らないささやかな贅沢をのんびりと味わった。

（二〇一二年六月）

勝手に作った三山に行く

神室山のビュースポットで一息

男前三山・男岳

これがあの男岳なのか！

年の瀬のよく晴れた早朝、目的地へクルマを走らせている途中、ばーんっと目に飛び込んできた真っ白な頂にわたしは目を見張った。厳冬の青空に雲の一筋もまとうことなくくっきりと聳えるその秀峰は、射し込む朝日に稜線の陰影をきりりと際立たせていて、衝撃的なほどに男前である。

予定では、旧アッスルスキー場から秋田駒ケ岳の八合目登山口まで、山スキーでのんびり往復するつもりでここまで来た。だが、こうして男岳の抗いがたいほどの濃厚なフェロモンに囚われてしまうと、その男岳がもっとよく見える田沢湖スキー場を目指

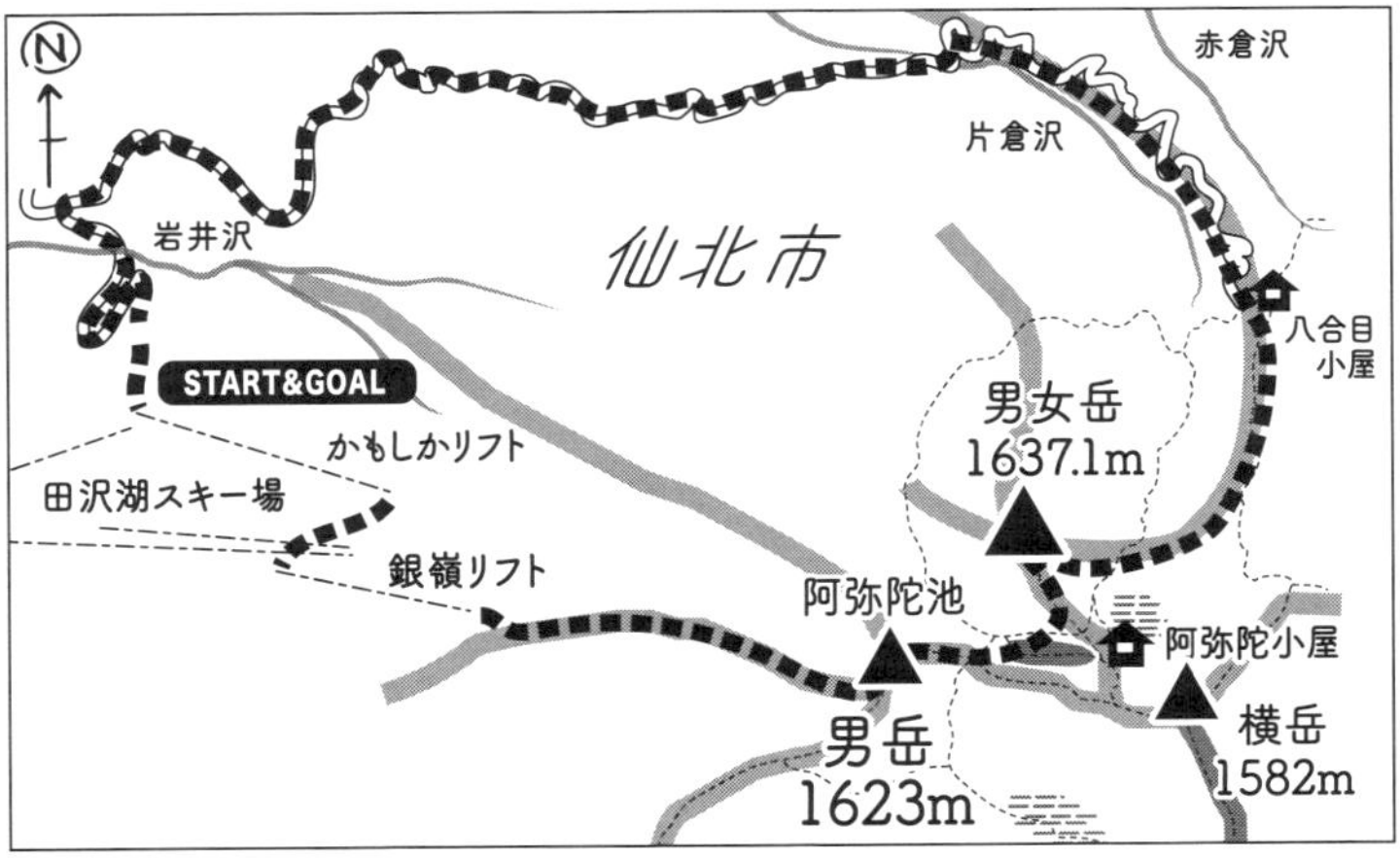

してハンドルを切るほかない。

営業前の、閑散とした駐車場でクルマを降りた。真新しい雪をまとい、自信に満ち溢れ燦然とオーラを放つ男岳を目の前に、クーッと言葉にならない声が出る。さて、男岳の魅惑的な誘いに応じその頂を目指すべきか、それとも通りすがりのこの男前については鑑賞だけに留めておき、手堅くもとの予定に従うべきか。

今日のギアは山スキーである。八合目登山口まで、雪に埋もれた林道を歩くつもりで用意した装備である。だが、偶然にもクルマには、積みっぱなしにしていたアイゼンがある。そしてピッケルはない。ピッケルなしのアイゼンだけで、厳冬にひとり男岳に直登したものかどうか。まだ雪山の経験値が乏しいわたしは迷う。

リフトの運行が始まろうとしている。発券所の係員に男岳の山頂の様子について情報はないか尋ねると、ちょうど昨日知り合いが途中まで登ってきたという。雪の状態は悪くはないようだ。天気図を見れば秋田県は、明日から大きく崩れる前日ならではの狂気のような晴れの日である。この天気ならば、男岳に登ったのち八合目登山口から下山する周回ルートを選んでも、だだっ広い阿弥陀池でホワイトアウトに翻弄される心配もないだろう。

リフトが動き出した。男岳への直登ルート、登山者からは「リフト尾根」と呼ばれる尾根は田沢湖スキー場のリフト2本を乗り継いだ終点から取り付く。行こうか行くまいかぐずぐずしている間にもリフトは順々に規則正しく動き、まるでさあお入りなさいと幼い友達が誘い上下させる縄跳びの縄のようである。とうとうわたしは、行けるところまで進みながら考えればいいと結論し、尾根の取り付きまでの必要なリフト券を購入した。にわかに走り始めた男岳への抑えきれない感情とともに、わたしを乗せたクワッドリフトがぐいっと勢い良く青空へ離陸する。

秋田駒ヶ岳は秋田県の中央、東よりに位置しその名称は男岳、女岳、男女岳《おなめだけ》の総称である。最高峰は男女岳で1637メートル。ファミリー登山や学校行事などでも訪れやすく、花の景観にも恵まれて穏やかなイメージがある一方で、なおも生きている火山であり直近では女岳が1970年に噴火したばかりだ。男岳から女岳を見下ろせば、未だに細く湯気が上がり山頂付近の地温は高い。東側から秋田駒ヶ岳を眺めれば、男岳や横岳からなる外輪山に縁取られたカルデラが圧巻だ。火山ならではの派手な景観に恵まれており、それらを追って登山コースも豊富に用意されている。一般向けのハイキングコース、千沼ケ原や、乳頭山へと縦走する健脚向けのコース、バックカントリーまで、一年中楽しむことができる山域である。

2本目のリフトを降りると、眼下には田沢湖が巨大な鏡のように丸く青空を映して広がるのが見える。その遥か向こうには、鳥海山と稲倉岳の真っ白な大小の三角形が並ぶ。

リフトから降りるスキーヤーやボーダーたちが次々と斜面を滑り降りていくなか、わたしは山スキーの先端を彼らとは逆方向である山側へ向けて斜面を登り始めた。良質な雪が、きゅっきゅと音を立てると心が踊る。

この通称リフト尾根は、灌木が雪の下に埋もれる積雪期限定の男岳直登ルートである。1623メートルのピークにこの尾根一本ですっきりと爽快に突き上げる、単純ながらもエッジの効いた感じが実に男らしく清々しいルートだ。男岳を登る醍醐味は、このルートを選ぶことに尽きる。

尾根はしだいに斜度を増し、はじめのうちはスキーアイゼンを効かせ、さらにジグを切って登っていたが、アイスバーンが現れてくるとそろそろスキーでの登高が難儀になってくる。わずかに斜度が緩む場所で山スキーをはずし、十二本爪アイゼンを兼用靴に装着する。スキーはザックの左右の側面に一本ずつくくりつけ、先端が暴れないように細引きで縛り、その細引きの先端をザックに結びつけて荷物を安定させる。背中の荷物が落ち着かないと余計な力を使うことになるので、こういった作業は丁寧に仕上げておく。スキーで重くなったザックを一旦片膝にあげ一呼吸おき、続いてよいしょと一息に背中へ回す。歩き始める前に見渡せば、眼下にはリフト尾根がゲレンデへと広がりながら合流し、そこにはわたしの山スキーのトレース。見上げれば青空にあるのは、男岳の真っ白な起伏だけだ。

標高1500メートルに差し掛かると、発券所の女性が言っていた昨日の登山者によるツボ足のトレースはなくなった。どうやらここで引き返したらしい。尾根には、山頂方面へ続くウサギの足跡。そのさらに先には岩や灌木に張り付いた雪が、まるでゴッホの油絵の荒々しいタッチのようにささくれ立って景色を引き締めている。

雪の状態はだいぶ良く、ほどほどに締まって安定している。膝下ぐらいのラッセルはところにより膝上まで沈み込む。スキーをくくりつけたザックが重く、休み休みしながら一歩一歩を踏み出して行く。歩いたあとを振り返ると、自分のトレースとウサギのトレースが寄り添っていて、まるで小さな同行者がいるように見えた。

雪が硬く張り付いた岩場にさしかかれば、もう山頂までは標高差100メートルほどである。シュカブラが密生した岩の奥に和賀山塊が覗く。最高峰の和賀岳を筆頭に、真昼山地の女神山まで連なる一連のピーク群は、雪によって急峻な地形を凛々しく際立たせていた。

山頂が近づくほどに、雪はガリガリと硬くなりアイゼンなしではとても来られない状態である。ストックを漫然と繰り出していたのでは、そのささやかな先端はたちまち硬い雪に跳ね返されてしまう。ピッケルが欲しいところではあるが、ない装備についてはは慎重さでカバーするほかない。

昼過ぎ、男岳のピークに立った。行けるところまでと言いながら、結局ここまで来てしまったではないか。

風もなく空は凪いだ海のように静止していた。雲ひとつ寄せ付けない快晴がどこまでも広がっている。山頂の駒形神社は全方位を鳥居ごとシュカブラに飲み込まれていて、お参りしようにもどちらが正面かまったく検討がつかない。仕方なく正面と思しき一角に立ち背筋を伸ばし、帽子手袋の着用の無礼については厳冬につき何卒免除をと唱えて柏手を打つ。きっと神様にしても雪まみれのこの状況では、前だの後ろだの作法だのについては大目に見るほかないだろう。

誰一人いない年の瀬の男岳山頂から、和賀岳、栗駒山、鳥海山、太平山、白子森、森吉山と、見知った山を数えればきりがないほどに視界は澄み切っている。見渡せるだけしっかり眺め尽くそうと、視力検査よりも真剣に地平に目を凝らし続けた。

先行するウサギのトレースを辿って、男岳の緩やかな尾根を歩きコルへ下るリッジに差し掛かる。ここから見下ろせば、阿弥陀池は一面雪に覆われ、その奥には単純な台形の男女岳《おなめだけ》がどすんと居座って裾を広げていた。避難小屋は雪に覆われ真っ白で、まるで懐紙に置かれた落雁のようにちょこんと行儀よく雪原の端にある。

リッジの中腹で振り返れば、男岳のなめらかな東斜面が純白の絹を一枚、さらりと羽織ったような粋な姿を見せている。今日は行く手を眺めては立ち止まり、来たルートを振り返っては立ち止まりで、どこを向いても絶景に引き止められてしまいなかなか先へ進むことができない。

1時過ぎにコルに下りた。ここから阿弥陀池を横切って八合目小屋まで下り、そこから林道を田沢湖スキー場目指して帰る予定だ。冬至をわずかに過ぎたばかりの日足は早い。下山の所要時間をざっくりと計算し時間に余裕があることを確認すると、ここで少しゆっくりとランチタイムを取ることにした。昼を過ぎてなお天気は安定しており、コルに斜めに傾いて立つ標柱の奥には、鳥海山がまだくっきりと姿を見せている。

ザックからスキーを外し、アイゼンを仕舞うあいだに湯が沸いた。腰をおろし、カップヌードルができるのをのどかな気分で待つ。

それにしても今日は風もなく日差しが暖かだ。厳冬期だというのにあれこれ吹き飛ばされる心配もなく、凍える心配もなしに屋外でのんびりとした気分を味わえることなど、そうそうあるものではない。

どこまでも真っ白な世界で一点、雪を寄せ付けず山肌を露出させたままの女岳が目を引く。ほわほわとその山頂付近から湯気が立ち上る女岳の様子は、男岳に恋い焦がれ熱を上げている乙女のようである。男岳女岳の名前については平凡だなと考えていたのだが、ここでこうして眺めて見ると言い得て妙とは、この命名センスのことだなと感心できる。さて、そろそろ3分。女岳に習ってカップヌードルで熱々の湯気を上げながら、男岳を中心に三角関係のランチタイムである。

（二〇一二年十二月）

男前三山・神室山

三月、雪が落ち着くのを待って登った軍沢岳《いくさざわだけ》の山頂でわたしは、山を相手にとてもがっかりしていた。目の前には神室連峰の最高峰である小又山が、さながらステージのセンターを務める主役の貫禄で悠然として純白の裾野を広げ、「どうです最高峰は違うでしょう」と言わんばかりである。その頂から伸びる稜線は急激に標高を下げたのち、再び持ち上がって天狗森の端正な三角形を形作って小又山と並ぶ。このふたつのピークの揃い踏みはそれはそれは見事で、この景観こそ神室連峰のハイライトだと言わんばかりの華々しいものだった。その一方で主峰である神室山はといえば、すっかり舞台の袖に押しやられ、しかも雲なんぞに半ば隠されていて、真打ちとしての貫禄には程遠い。わたしは山に対してこれほど残念な気持ちになったことはない。

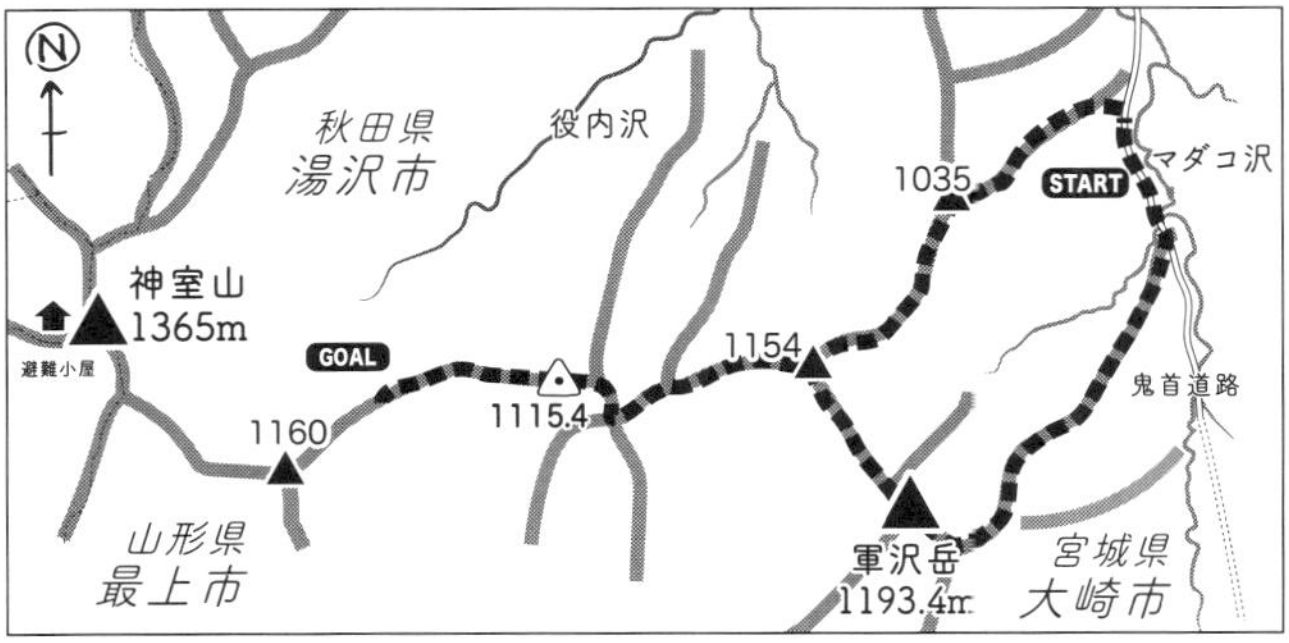

わたしとしては神室連峰の、特に主峰である神室山の晴れ姿を期待して登った軍沢岳であった。軍沢岳は秋田県から宮城県へと抜ける鬼首道路から、積雪期だけ登ることができる山である。標高1193メートル。登山道はない。地元のバックカントリースキーヤーの間では知られた山であり、神室連峰の眺望が素晴らしいと聞いて興味を持った。たしかに連峰の眺めは素晴らしかったが、ステージの花形は小又山だった。わたしが見たかったのは神室山の晴れ舞台である。

小又山を眩しく眺め、軍沢岳からP1154まで県境稜線を辿る。P1154は地元の岳人からは分岐ピークなどと呼ばれる、軍沢岳と神室山からの稜線との交差点である。下山はこの分岐から鬼首道路へと下りて周回ルートを取ることにし、わたしは神室連峰に背を向けて広く緩やかな尾根を下りはじめた。

神室連峰は、里に近いとはいえ三十キロにも及ぶ主稜線を有し、みちのくの小アルプスと称される。侵食で削られた山腹を深い谷から急激に起立させていて、登山道はどこも急である。神室山を目指し、秋田県側の役内口から西ノ又沢コースを選べばその道は、しばらく沢沿いに山腹を巻くようにして進む。ブナの巨木の森を抜けかつての修験者たちの水垢離場であった三尋ノ滝を過ぎると、いよいよ稜線へ突き上げる胸突き八丁の急登となるのだ。景観に派手さはないものの歩くほどに味わいを増す山域である。だが、いざその姿を眺めようとすればなかなか思う通りにはいかない。秋田県側から見上げれば、手前の前神室が名前の通りに神室山の前に立ちはだかるし、国道13号線を山形方面に回り込んで、屏風のように広がる連峰の景色に神室山を探せば、主峰とはいえ他と抜きん出るほど顕著な標高の差がなく、どこかパッとしない。そして今日、もっと近づけばいいだろうと思いつき登った軍沢岳の山頂から眺めれば、まるで小生意気な若造に舐められて隅に追いやられた中年男のようでいよいよ冴えないときた。

誰のトレースもない雪面を楽しむうちにP１０３５まで来た。ここから鬼首道路に向かって尾根は幾筋にも枝分かれしながらぐんぐん標高を下げていく。樹林帯に入る前に入念にコンパスを合わせ、それから神室連峰の展望を見納めておこうと振り返ったわたしは思わず息をのんだ。

そこには真っ白な神室山の、まるで両翼を広げた大鷲のような堂々とした姿があった。それはわたしが勝手に作り上げてきた理想の神室山像である。

神室山を中央にそこから南北に伸びる両翼の、北に広げられた翼は三角石山へ連なる稜線である。そしてもうひとつの翼は、いったん南へ伸びたのち東へと方向を変え幾つかの枝尾根を派生させながら今わたしが立つ、P１０３５に連なる。このふたつの稜線が、小又山、天狗森、前神室などの景観を視界から遠ざけ、ただ主峰だけを無二の存在として際立たせている。

神室山を特別な存在として君臨させるこのふたつの稜線こそ、神室山登頂ルートとして最もふさわしいのではないだろうか。伸びやかな稜線のエッジを眺めながら、ふいにそんな考えが湧きあがった。

気温マイナス七度。午前七時。翌週、再びわたしは軍沢岳の取り付きにやってきた。しかし今日は軍沢岳へは登らず、先週、こここそ神室山の絶景スポットだと断定した、あの尾根を直接目指す。稜線に出たならそのまま神室山の東陵方面へ歩いてみるつもりだ。来たる東陵からの神室山登頂に備えての偵察山行のつもりである。天気は快晴で雪はよく締まっていた。装備にワカンとストック、そしてアイゼンとピッケル。

調べたところ、わたしが目指すこの稜線を使ったルートは「裏神室ルート」「神室東陵ルート」などと呼ばれ、登頂記録もちらほらとあった。ほとんどが二日間の行程を組んでおり、初日に軍沢岳経由で東陵のナイフリッジを通過し、神室山の避難小屋に一泊、翌日は役内へパノラマコースを使って下りるか、往路をピストンするかであった。

これらの記録を参考に、はやる気持ちに任せて本当は今日にでもこのルートを登りたい欲求でいっぱいであったが、そこはぐっとブレーキを踏み込んだ。さすがに山登りをはじめた頃のように、山がきれいだからという単純な理由から推進力を得て突き進むことはだいぶ減り、このごろではリスクについて自分なりに気を配っているつもりである。

ワカンを履きストック一本を手に、鬼首道路から急登にとりつく。P624まで標高差50メートルほどではあるが、とにかく急だ。雪面には昨日誰かが登ったらしいステップができており、それは今朝の冷え込みによって硬く凍り付き手頃な足がかりとなった。だがこれで楽ができると考えたのは少しの間だけで、まもなくさらに増した勾配の只中で、道具の選択ミスを思い知る。ストックは凍りついた雪に簡単に弾き返され、うっかりするとバランスを失う。ワカンは雪への食い込みが足りず、なんども滑落しそうになる。アイゼンならば安心して通過できるものを、この斜度でザックを降ろしワカンから履き替えるのはもはや無理である。せめてピッケルだけでもと、手頃な木に体を預け滑落を予防しながらザックの脇からピッケルを抜き取った。ピッケルはさっそくザクッと心強い音とともに容易に硬い雪に突き刺さり、ひとまずこれで雪面にかじりついてでもワカンで登り切ることができそうだ。

尾根に上がると、雪面はいくつかのトレースで賑わっていた。このトレースを辿って1時間半も登れば、先週下りたP1035である。

P1035の雪庇を越えると、真っ白な大鷲が両翼を広げて出迎える。神室山は、疑うべくもない主役の貫禄でそこにいた。その威厳に満ちた姿に満足した視線がさらにたどるのは、東陵のはりつめたような鋭いリッジである。小又山や前神室だの他の頂にいっさい関与しない、主峰の肩から直接伸びる稜線である。今日はあの稜線へ、行けるところまで近づいてみるのだ。そう考えただけで心が沸き立った。

広く穏やかな尾根を分岐点P1154まで来れば、この先はわたしにとって未踏ゾーンとなる。数人分のトレースはこの先2人分に減った。一旦樹林帯を下って登り返し県境沿いに北へ大きく方向を変えてしばらく歩けば、三角点のあるP1115である。広く開けたそのピークに立てば、ここも神室山のまたとない展望地であった。直線距離にして二キロほどに迫る主峰は、もはや遮るものは一切なくなり谷から起立する姿が一望できる。

　先行トレースはここで一つに減ってさらにその先へと続いていた。今日、東陵へ向かった人がいたのだろうか。天気は明日の昼まで穏やかに保たれるようである。ちらりとトレース主に羨望感が湧き上がる。今日の登頂チャンスを見送った自分の判断は、少し慎重すぎたのではないかと心が騒ぐ。９５１のコルに降り立つと、樹林の奥にいくつかのアップダウンを越えてＰ１１６０がだいぶ近い。時間は十一時十分である。タイムリミットとした昼が迫る。思わず「行ける」とつぶやいたのは、確信というよりは願望だったかもしれない。願望と確信はときどきその境目が見えなくなる。

　コルから小ピークへの登り返しにさしかかり、思ったよりも傾斜が強いようだが三十メートルほどの標高差である。アイゼンへの履き替えを横着し、ワカンのままで登り始めたのだが結局、手こずってしまった。今朝の急登同様、今さらアイゼンに履き替えるには遅すぎて、できる対処は慎重に蹴り込みながら踏ん張るだけという原始的手段だ。

　悪戦苦闘していると木立ちの奥に人影が現れた。単独行の男性である。

　こんな辺鄙な山域での人間との遭遇は、ずっとその足跡を見て歩いてきたこちらとしては、ああトレース主だなと気持ちの用意があったのだが、相手の方はこんな場所にまさか人が、しかも女子の単独なのかと、実際のところ相手がそう思ったか知らないが、ぎょっとした様子で立ち止まった。聞けば昨日のうちにこの小ピークまで登り幕営し、今朝神室山へ登ってきたのだという。東陵から登ったのかと聞くと、東陵は下山に使い、登りは他に「良さげな雪稜」があったので、いったん谷におりてそこを詰めたとのこと。東陵はどんな様子だったのか聞くと、歩きやすかったというような感想であった。さんざん情報を聞き出したものの、あいにくわたしとこの人では雪稜歩きのレベルが雲泥の差である。この人の「歩きやすかった」という評価が、わたしにも応用できるとは安易には言えないだろう。

小ピークへ登りきって時間は十一時半。谷へ向かって濃くなる樹林帯の上に神室山がなお高く大きい。東陵はすぐそこで、その中間地点であるP1160もよく見える。あと30分行動しとにかく行けるところまで行こうかと、アップダウンの先にある、P1160へ至る痩せ尾根を眺めたが、空には雲が広がりはじめ景色は急速にコントラストを失いつつあった。

ふいに、誰も来ない雪山に一人いることを思い出し、この先、何かあってもリカバリーする装備も時間もないなと、気持ちを下山に切り替えた。ここまで来られただけで、目的である「偵察」がだいぶ捗ったから満足するべきである。

十四時十五分、今朝神室山を眺めたP1035付近まで戻ってきた。陰った日差しに急に覇気をなくしたような神室山を眺めながら、湯を沸かしてコーヒーを淹れる。思えば本日初めての腰をおろしての休憩である。ずっと歩き通しであった。濃いめのドリップコーヒーがじわりと心身に染み渡る。神室山への登山は始まったばかりである。

（二〇一七年三月）

男前三山・和賀岳

和賀岳は、さながら重臣に四方を守られた悠然たる大将である。この御大将にお目通りするためには、秋田県側、岩手県側のどちらから登るにしても、西は薬師岳から連なるピークをいくつか越え、東は高下岳の稜線を乗っ越さなければならない。それら重臣たちに汗と体力を搾り取られてやっと、大将はおもむろにわれわれの前に姿を現し、さらなる急登やアップダウンを持って登山者を手厚く歓迎してくれるのである。

和賀岳は標高１４３９メートル。奥羽山脈を成す真昼山地に属し、和賀・朝日山塊の最高峰だ。薬師岳、小杉山を忠実な家臣のように従えてそれ

らの中心に座する姿はさながら陣中の大将の貫禄で、眺めるほどに惚れ惚れさせる山容である。

その和賀岳の名前は、麓の西和賀町かあるいは和賀川に由来するのだろうが、秋田県では古くは阿弥陀岳、大鷲倉の名前で呼ばれていたらしい。手前の小鷲倉のピークとさらにその手前の小杉山の二座揃って「小」の字を冠するのが気になっていたのだが、小鷲倉についてはかつて大将が大鷲倉と呼ばれていたことの名残だとすれば腑に落ちる。

梅雨明け間もない初夏、そんな和賀岳へ岩手県側の高下岳登山口から、テント一泊装備を担いで出かけた。このコース、日帰りで往復できるのだが、途中の和賀川わきに野営地がある。川があれば水がふんだんに使え、煮炊きにも翌日の水にも心配がない。そして夏とはいえ沢水は冷たく、ここでビールを冷やさない手はない。ならば、このロングコースを疲労困憊しながらピストンするよりも、多少荷物は増えても一泊し、沢のわきで星を眺めながら冷えたビールを味わうべきである。そうと決まれば和賀岳まで至る山行は、御大将に御目通りを請う武将のストイックな旅ではなく、さながらお伊勢参りに向かう江戸庶民の道楽めいたものとなる。

ドロノキの真白な綿毛が散らばる登山口を、一泊テント泊装備のザックを背負って出発する。勢いあふれる初夏の森が、ギラリとした強い日差しを貪欲に吸収してくれるので、登山道は濃い木陰のなかにあり爽やかだ。ザックに収まっているテントと、エビスビール、そして白州を思えば、72リットルのザックの重みはさほど苦にならない。

だがそう感じたのは最初のうちだけ。杉林がブナ林となり容赦ない急登がはじまると、大荷物がじわりじわりと一歩一歩にのしかかってくる。汗はとめどなく滴り落ちる。うつむいて登っていると、いつもは見落としがちなノギランなど地味な花が目に入る。その街道脇の群衆に励まされては、登る。ブナ林を抜けていく風のつかのまの涼を、歓声をあげながら額に受けては、登る。しんどいときほど、ささいなことから推進力をかき集めてはひたすら登るのだ。

そうやって登り始めて1時間ほどで高下岳の分岐に出た。重荷を背負っての過酷な登りはここまで。この先は下りとなって、野営地に至る。大荷物はそこにデポだ。あと少しの辛抱。

ブナにクロベが混じる山腹を過ぎれば、200メートルほどの下りとなる。大荷物に耐えて登った標高が、ここであれよあれよというまに相殺されていく。実にせつない。登山道が北へ方向を変えると、和賀川の沢音が大きくなった。道は一気に沢をめがけて、落ちるかのようにさらに急になり、せっかく稼いだ標高への未練になどまったく容赦ない。

和賀川を、大荷物にフラフラしながら渡渉する。できれば登山靴のままひょいひょいと石を伝いたかったが、石ころに置いた足がつるっといきそうで、結局裸足になって渡りきる。渡りきってホッとしていると、脱いだ靴下が対岸にぽつりと置いてけぼりだ。結局2度も往復する羽目になった。

野営地は和賀川を渡った森のすぐにある。先客はいない。早い者勝ちの特権でベストポジションを選んで、メインザックを下ろした。さらば大荷物！　最小限の荷物をサブバックに詰めて背負ってみると、ザックから解放された体はあまりに軽く感じられ、うっかりすると体が浮き上がってしまいそうにすら思える。

さあここからいよいよ御大将和賀岳に取りつく。和賀岳の肩、コケ平から落ちる急な尾根を、ひたすら600メートル以上登らされるのだ。森のなかをただただ詰めて行く登山道に、やっと展望らしきものが梢の隙間に見られるようになるのは、一時間以上も登ったあとである。

昼過ぎ、青空が広くなりだだっ広い空間に飛び出した。コケ平である。広い草地の向うには、和賀岳が雄大な稜線を西の彼方へと伸ばしていて、実に大きい。その、のっそりと重厚な稜線からは、荒々しい侵食跡が沢に向かって幾筋も深く刻まれている。圧倒されるしかないそのスケールが、心をとらえて離さない。

1439メートルの和賀岳山頂は、ニッコウキスゲの群落をまとって青空の中にあった。山頂に吹き付ける乾いた風を全身で受けながら、冷えた缶ビールを開けた。この瞬間のために、厳重な温度管理のもと担ぎ上げた一本である。繊細な気泡の刺激が、喉、細胞、そして魂にまで染み渡る。甘露水から登ってきた男性登山者がうらやましそうに笑ってこちらを見ている。秋田県側からの甘露水コースは水場のない長い稜線が続くから、山頂でのビールの光景は堪ったものではないだろう。

午後三時前、野営地に戻った。いわば、ゆるりとして参れと和賀岳の大将が用意してくれた旅籠である。それは深い谷間の、わずかな平坦地を切り開いた一等地だ。真ん中には、丸太を切ったたけの椅子がいくつかと、焚き火の跡。本日のラウンジである。

テントを設営し、水を汲む。荷物を整理し夜に備え、煮炊きの準備をしたらさっそく、沢から引き上げたエビスビールのプルタブを引く。プシュッ！。

日が暮れ空の端が赤みを帯び、いつのまにかその色彩も失われると、濃い森の梢越しに星が瞬き始める。夏だというのに吐く息が白い。和賀川のせせらぎを聴き、カップには白州を注ぎながら、山の夜が更けて行く。

ヘッデンを点けて沢へ行くと、夜空が開けた。灯りを消せば漆黒の闇に星の海。あまりに星が多すぎて、星座の形が掴めない。ようやく夏の大三角形を割り出したが、それ以上は辿れない。人が割り振った枠組みなど、この原始の森では無意味だとばかり、星が溢れる和賀岳の夜である。


（二〇一五年七月十一日）

鏑《かぶら》三山・大鏑山

　この山はいつかひとりで登るのだ。登頂を諦め、踏むことができなかったその頂を何度も肩越しに振り返えりながら下山していると、ふとそんな思いが込み上げてきた。足をとめ、五月の腐れ雪をざくっと踏みしめて、体ごと山へ振り返る。そうだ、わたしは必ずまたここに来て、このえんえんと連なるこの尾根の先にあるあの頂に必ず登るのだと、思いを込めてその山を見つめた。そこには、きりりとした稜線を引いて、天に突き上げるかの如くそそりたつ険しくも美しい白き名峰が、と続けたいところだがあいにくわたしの視線の先には、そんな山容には程遠い、標高もやっと1000

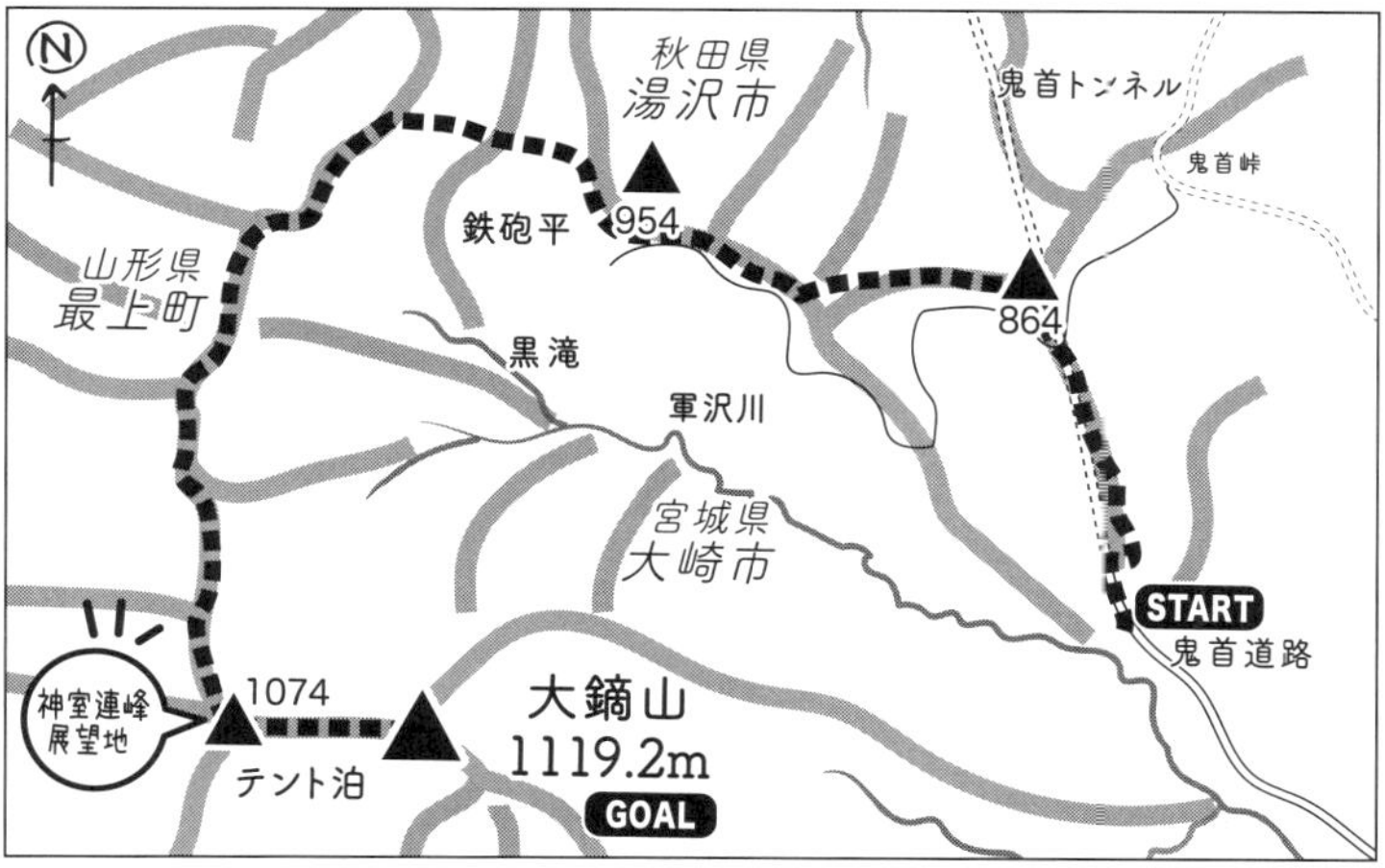

メートルを超える程度の、山というよりはえんえんと連なる県境稜線の高まりのひとつにすぎないような地味な山がだらりと横たわっているだけだ。大鏑山だ。正直なところ五年もその山に恋い焦がれて過ごして来た自分ですら、遠目にどれがかの山かはっきりと判別がつかず、ところでどれが大鏑山なのかと人に確認するほどに地味な山だ。

大鏑山は、標高１０００メートル少しの冴えない山でしかも、登山道がない。いやちゃんと地形図を見ろと、冷静な人はそこにピークに至る点線を示すかもしれないが２０１４年現在、それは廃道である。さらに、運が良ければ積雪期に短時間での直登を許すはずの、山頂からまっすぐに鬼首道路へと伸びる稜線があるのだが、それは道路の手前まで伸びているにもかかわらず、無情にもすぐ目の前で軍沢川によって阻まれており、登頂意欲を持つ者の期待はあっさりと打ち砕かれるのだ。その悩ましい地形によって、大鏑山の冴えなさぶりがますます極まる。もう何度、その地形をうらめしく眺めたかしれない。かの軍沢川はといえば、大鏑山に至るほかの枝尾根もことごとくとうせんぼしながら蛇行して、やがて地形図の外へと流れ去っていく。

その傍若無人な軍沢川を見送って、さてと気持ちを切り替えて他に取れるルートを二万五千分の一の中に探せば、積雪期に秋田と宮城を結ぶ鬼首トンネル上のピークに上がり、深い谷をぐるりと迂回して長い県境稜線をテント一泊で辿るか、あるいは山形県側から夏、沢と藪を一気に詰め上がるかの二つのルートが浮上した。

私は頭を抱えた。テントはあるが三、四年前に一度、取説片手に大朝日岳で設営したのが最初で最後である。ましてや残雪期のテント泊など。沢にしても読図の際にはいつも脳内と現実が噛み合わない。大鏑山も冴えないが、自分も相当に冴えない山屋である。それでも行きたいと、山仲間を焚きつけてこの五月に、想定した残雪期ルートにテントを背負って入山したのだが、あいにくの雨と、薮漕ぎでタイムオーバーとなり、かくして大鏑山アタックは持ち越しとなりとぼとぼと下山の途についている次第なのだ。

またおいで。今度はひとりでおいでと、大鏑山は曇天の下にだらしなく寝そべった姿で、わたしの山歩きの力量などおかまいなしに誘惑する。見てくれも有名無名もわたしの登頂意欲には関係ない。また来いと感じさせる山には縁のようなものができてしまう。よし、と大鏑山に応え、必ずまた来るからそのときは最高の山日和を用意して待っていてくれと、山へ条件を押し付けて再びザラメ雪を降り始めた。

（二〇一三年五月）

一、鏑三山について

大鏑山に興味を持ったきっかけは神室山にある。神室山の山頂を少し下りたところに、麓の集落の人たちによって古くから鏑山大神が祀られていることを何かの資料で読んだのがきっかけだ。神室の読みとよく似た響きの鏑の字が気になり調べたところ、神室山は鏑山というもう一つの名前があることを知った。

これまでずっと神室山は、神の室の山ということなのだなとその文字が持つ意味を、麓に住む人々がこの山へ抱いてきた畏敬の名残だと解釈しながら登ってきたのだが、その山にはかつて鏑山という別の顔があったようである。興味が沸き、改めて地形図を見直すと、秋田、宮城、山形の県境稜線に鏑山、大鏑山、小鏑山と、鏑の文字がきれいに一直線上に並んでいるのが目に止まった。

鏑山の「鏑」とは、矢の先端に付ける楕円形の器具のことで、これを付けた矢を鏑矢と言う。この矢を放つと甲高い音が出るので昔の戦の際に、主に合戦開始などの合図として用いられていたものである。そうやって鏑の文字から歴史を辿れば、この鏑の字が充てられた三つの山は、その名前に古い時代の戦の記憶を残すものにも思えてくる。この土地はかつて、大和朝廷と地方豪族の勢力がぶつかり合う要所でもあった。インターネットに「正解」を求めて検索を重ねたが、それらしき答えはカケラも引っかからない。知りたい気持ちがそのまま登頂意欲に発展し、鏑山、大鏑山、小鏑山を勝手に鏑三山と命名し、三座すべてに登ってみようと考えた。もちろん、登ったところで「鏑」の文字以外、何も知り得ないことはわかっている。ただ無性にかきたてられるのだ。

鏑山こと、神室山はもう何度も登っている。登山道も多数用意され登山者にとって人気の山である。小鏑山こと禿岳も、鬼首のカルデラを見下ろすよく目立つ山であるので、当然ながら登山道が整備され、登山者の絶えない山である。問題は大鏑山である。

大鏑山は、鏑三山で最も標高が低く、最も地味でそして最も遠いピークである。しかし、登山者にとってさほど魅力的な山ではないことは、地形図を見ればよくわかる。登山道はなく、等高線から想像する山容もパッとしない。だいたい、ネット検索したところで大鏑山の文字のヒット数は極端に少ない。それなのに、神室山、禿岳のふたつの秀峰を差し置いて「大」の文字を冠するのは何を意味するのだろう。そして、今でこそ登山道が廃れているものの、この山にも他の鏑の名前を持つ山同様に、何らかの信仰のあとがあるのだろうか。

情報らしい情報は地形図だけのその山にあれこれと憶測が膨らむ一方で、ここをわたしは登ることができるのだろうかという点についても興味があった。わかったつもりの読図も、雪山歩きも、山での装備も、メンタルのコントロールもちゃんと自分のものになっていることを試したかったのだ。大鏑山はその点についても運命的なほどに最適な山だった。

そうやって鏑の文字が連なる地形図を何度となく眺めながら、五年目の春を迎えた。

二、大鏑山登頂

やや曇りながらも穏やかな早春の朝を、起き抜けの窓の外に確認する。緊張で体がふわふわしていることに戸惑いながらも、すでに昨夜のうちにパッキングの済んでいるザックをクルマに積み込み、今日登るという実感が追いつかないままに、入山地点に近い道路脇の駐車スペースまでやってきた。マイナー山域をこれからひとりテント一泊で登るのだと思うと、意気込みと尻込みがごっちゃになって落ち着かない。こんなときは早く登りはじめるに限る。登り始めてしまえば、心をざわつかせるようなとりとめのない不安は霧散して、あとはもう目の前の作業をこなすだけになる。

「鏑三山」といういかにも名所じみた括りを秋田、山形、宮城の県境稜線上に設定し、その全ピークの登頂を思いついてもう五年目の春である。鏑山も、小鏑山もとうの昔に登頂してしまった。そして、実は今これから向かう大鏑山についても、四年前の早春に一度撤退したのち夏を待ち、山形県側から沢をルートに使って一応その登頂を果たしてあった。実はとっくにわたしは鏑三山全登頂をクリアしているのだ。その数年後、再び大鏑山の山頂を目指しているのは、どうしても最初に組み立てたルートを自分の力で試したいからである。

トンネル入口付近にある駐車スペースで、クルマを降り登山靴に履き替える。ラゲッジルームからテント一泊装備とルート旗、ワカン、アイゼンが詰まった物々しいザックを引っ張り出す。ずっしりと重いザックをいったん片膝に乗せて一呼吸おいてから、えいや！と背中に回し、あちこちの紐をひっぱって荷物を体と一体化させる。さあいよいよ大鏑山だ。じっとしていると息苦しいくらいの緊張を振り払って歩き始めた。

ところが、いざ！とばかりに力強く大鏑山への一歩を踏み出したのだが、取り付きの山腹を見上げてわたしはあっと声をあげて立ち尽くした。その急斜面に、あてにしていた雪がほとんどないではないか。薮が見事に露出している。ハラハラしながら状況を確認するために取り付き直下まで急いだ。おかげで、さっきまで呪いのように体中を覆っていた緊張の殻はこれで一気に消し飛んだ。

これほど雪解けの早さに落胆したことはない。トンネル脇のフェンスをすり抜けて取り付きを間近に見上げれば、急峻な斜面の薮はほぼむき出しである。しばらく呆然としてそれを見上げ、さてどうしようか。もともと登山道のない薮山である。雪が薮を覆い隠していることで踏破することができるルートである。取り付きの雪の量がこの状態だとすると、この先めざす大鏑山の山頂まで、どの程度雪が残っているのだろうか。

薮漕ぎは嫌いではないのだが、本日の行程は長くそのうえ一泊分のテント装備で身動きに制約がある。撤退という選択肢が頭をよぎる。その一方で、数年前に登ったときの状況を思い出す。あの日もかなり雪が溶けていたうえに雨だった。だが100メートルも登ってみると雪がしっかりと残っていて、その先も雪はつながっていたではないか。行けるかどうか判断するのは、当時同様にこの薮を100メートルほど登ってからにするべきだろう。気持ちが決まるとストックなどはザックにくくりつけて両手を空け、さっそく木の枝を掴み体を上げ始めた。

木の枝が混んだ急登はさながらジャングルジムだった。身一つならまだしも、大きなザックがしょっちゅう枝に引っかかり引き止められる。そのうえ勾配がきつい。いっそこの週末は家でごろごろして過ごしたほうが、よっぽど充実した休日になるのではないか。転げ落ちそうな急斜面の薮のなかをもがくようにして登っていると、一度は追いやった「撤退」の言葉がそんな誘惑とともに何度もちらついた。

それでも徐々に雪が現れ、やがて斜度も緩み鬼首トンネルの真上、ちょうどトンネルの中ならば「秋田県」「宮城県」の文字が出てくるあたりの真上のピーク864に到着した。このピークにも、そしてこの先の稜線にも雪は十分にあり、しかもほどよく締まっていて歩きやすい。これなら問題ないだろう。なにより励みになったのは、薮に難儀した割には予定より早いペースでここまで来られたことである。天気も薄曇りながらも安定している。もはや引き返す理由はなくなり、ようやく心が大鏑山登頂に定まった。

鬼首トンネルの真上のピークから西へ伸びる稜線は、秋田と宮城の県境稜線である。今回のルートは、この稜線をたどって鉄砲平と呼ばれる広いブナ林を横切り、そののち山形と宮城の県境稜線に上がる。この稜線上には鏑三山こと神室山、大鏑山、禿岳の三つの鏑山が連なる。計画では、その鏑三山の稜線上にテント泊し、翌日朝一番に大鏑山登頂のつもりである。

実は、今回の山行本番に向けてこの冬、偵察のために二度、このルートを日帰りで途中まで歩いている。一度目は鉄砲平を抜けた山形と宮城の県境稜線まで。二度目は一泊装備を背負って鬼首トンネル上のピークから少し行った、秋田と宮城の県境稜線上の、シンクロブナこと二本の同じような枝ぶりのブナが並ぶ稜線まで。

一度目の偵察は、鉄砲平をつっきって県境稜線に上がる際の、地形の状態を確認しておきたかったためである。おそらく本番当日はテント一泊装備の重さもあるので、通過が難しいような地形が出てきたら、それに対処するための心身の余裕がどのくらいあるのか分からない。なので事前に不安な箇所は潰してしまおうと、身軽な日帰り装備でルートの下見をしておいた。

二度目は偵察というよりも、その日が本番のつもりの入山だった。あいにく、季節の割に気温が高かったせいで雪が緩く、ワカンを履いた脚がひざ下まで沈み、行程が捗らない。そうこうしているうちに吹雪き始めたので中止とし、ちょうどいいので悪天のなかでのテント設営の練習をして下山した。

その撤退した二週間前に比べると、出だしこそ雪がないことに面食らったがそのあとは順調に県境稜線を歩いている。ワカンの沈み込みもわずかで、頭上には青空が広がりつつある。テント一泊装備の詰まった72リットルザックはさすが人間工学に基づく設計の賜物で、背負ってしまえば体の一部となって重さについて意識することもない。何もかも順調である。

尾根が広くなりP954だ。このルートのビューポイントのひとつで、小又山、天狗森、そして神室山の連なりが梢の向こうに、きりりとした真っ白な姿を見せている。この神室連峰の出迎えに、行こうか行くまいかという後ろ向きな迷いはついにきれいにかき消えた。日当たりのいい場所では薮が出てきたが多少の薮ごときに、もはや撤退を考えるつもりはない。樹林の間の笹薮をかきわけて十分弱。尾根が大きく広がり、平坦な雪原のブナ林に出た。いよいよ鉄砲平である。十時十二分。数年前に訪れた時より1時間ほど早い到着だ。

鉄砲平はこのルートを歩きたいと思った動機のひとつでもある。鉄砲という名前と、平地をぐるりと稜線が屏風のように取り囲む地形を見れば、ここはかつてマタギがクマを追い込んだ場所なのだろうか。その名前に鏑の名前と同列の、古い時代の戦の気配はない。そして地形図を見た限りでは林道がこの付近まで伸びているので、近年までは里の生活に身近な山域だったのかもしれない。

鉄砲平は地形図のなかでよく目立つ。深く複雑な谷を刻んで蛇行する軍沢川のかたわらに、のっぺりと尾根を広げる鉄砲平は鷹揚なほどに平坦で、まるで薮山の中のオアシスのような平和を感じさせる。だが実際はそんな魅惑的なほどに単調な地形は道迷いの温床だ。何の用意もなく入り込めば四方を単調なブナ林に取り囲まれてしまい、ルートを知る手がかりを見つけるのは容易ではないだろう。

ここは、わたしにとってこのルートの核心部だ。なだらかで美しい場所に、我を忘れてぐんぐんと入って行きたくなる衝動をぐっと抑える。ルート旗を雪面に打ち込み、地形図を広げ次に到達すべきポイントにコンパスの針をセットした。コンパスが指し示すのは鉄砲平を抜けた先の、山形と宮城の県境稜線である。

県境稜線に向かう途中、三度、小規模ではあるが沢地形を通過する。一つ目の枝沢はなるべく切れ込みが緩い上流方向へ迂回して通過。そのすぐあとに二つ目の小沢があり、ここはなるべく雪のしまったポイントを探して対岸へ越える。若干の勾配を登りきればそこは鉄砲平の只中だ。見渡す限りをブナ林が続く、単調な景色は美しくもあり不気味でもあり、落ち着かない。ルート旗もGPSもコンパスも行くべき方向を示してくれるのだが、視覚的に自分の位置に実感が持てない状況は不安である。

広い雪原に、ルート旗を差しながらコンパスの針をたよりにまっすぐに進む。鉄砲平の終わりはまた小沢を越えて対岸の稜線に移る。その稜線が山形と宮城の県境だ。偵察で訪れた二週間前には、地形図で想定したよりも急な斜面だったので、もっと緩い下り口がないものかとうろうろしたが、結局どこも同じだった。本日は偵察済みの急な斜面を迷うことなく下る。

対岸へ渡りきる。せいぜい1メートルもないような小沢が隔てるだけの地形であるのだが、この尾根に移ると異界へ入ったような気分にさせられた。五年間もこの稜線を思い続けてきたせいで、特別な思いがつのりすぎたのかもしれない。ふと、この「異界」の扉が閉じ、日常へ帰る道が絶たれるのでは、という思いに囚われた。少しのあいだ立ち止まり対岸の「日常」を眺めてから、ふたたび歩き始める。

ここから先の稜線は自分にとって未踏の地だ。今朝までの不安と撤退へのくよくよとした迷いはすでにない。標高が上がったぶん気温は下がるが、日当たりのいい稜線上では雪解けがだいぶ進んでおり所々で藪漕ぎとなった。尾根上から少し外れた山腹には2、3メートルほどの幅で雪が張り付いていて、ちょうど尾根に並行して雪の道が伸びている格好だ。そこを使って登ることができれば藪漕ぎなしに楽な行程が可能なのだが、昼に近い早春の山中のこと、緩んだ雪が自分の体重をきっかけに崩壊しないとも限らない。迷うことなく藪をかきわけた。めざす大鏑山方面に目をこらせば雪がたっぷり残っている。この稜線上のわずかな藪漕ぎに意気消沈し撤退することはないだろう。ただしこの藪の状況からして、今日がこのルートのラストチャンスだということは確かである。来週末には雪解けがかなり進み、いかに果敢な山男でも、あえて藪だらけの行程に突っ込んで行こうとは思わないだろう。

昼を過ぎ、思ったよりも早い時間に予定のテント地に到着した。地形図から割り出していたテントサイトは、稜線から少しおりたところにある平坦なブナ林で、風や万が一の雪崩にも問題のない地形と見定めていた場所だ。到着してそのわずかながらも開けた平地を確認し、テント地としての選択に間違いのなかったことに満足したのだが、まだ昼である。1日の仕事を終了する時間ではない。そして大鏑山はあまりにも近い。

テントをここに設営し、空身で大鏑山を往復してこようかとも考えたが、背中の装備一式はこの広い山域のなかにおいて、唯一の命綱である。この先、何があるかわからないことを考えると多少歩みは遅くなったとしても、背負っていたほうが安心だし安全だろう。それに行動の選択肢も広がる。荷物はこのまま背負って十四時ごろまで歩き、その時点でテント地を見定めることにした。

藪をくぐり抜けて急登をひと登りすると、大鏑山の肩に出る。Ｐ１０７４だ。雪で覆われた広く開けた稜線には樹林はなく、遮るもののない視界に小又山、天狗森、神室山と神室連峰がひと続きに展望できた。本日のルート一番の絶景だ。踏み跡ひとつないまっさらな雪原を真ん中まで進み、３６０度を見渡せば晴れ晴れとした気分が込み上げてきた。

稜線上の吹きさらしではあるが、今日はここにテントを張ろう。時間はまだ十四時少し前だ。風もなく天気は安定している。今日のうちに大鏑山に登頂しよう。この五年間めざしてきた頂はすぐそこだ。Ｐ１０７４の思いがけない見晴らしの良さに触発され、このあとの時間の割り振りが決定した。

だらりと横たわるように見える大鏑山への最後の行程は、その山容のままにのどかとも言えるほどにゆるやかな登りで締めくくられる。テント地としたＰ１０７４からその稜線を三十分も歩けば、行く手にわずかに高い樹林帯があってそこが山頂である。三角点はその樹林帯の中にある。そして樹林帯を抜けたところに広い雪原が、積雪のせいか周囲よりもわずかな高まりとなってぽっかりと開けていた。すっきりとしない樹林帯の三角点をピークとするよりも、まるで小さなステージのように開けた雪原の真ん中を大鏑山の到達点として、ピッケルを力強く差しザックを置いた。

細いブナの幹の向こうには鏑山。その正反対にはやはりブナに隠れているが小鏑山。そしてその真ん中であるここが大鏑山。鏑の文字に惹かれて五年目の春。ようやく鏑三山が一直線に並ぶ場所に立つことができた。もちろん、登ったところで鏑が三つ並ぶ理由に答えはない。ただふと、大鏑山は奥鏑山だったのではないかと感じたのだが、この思いつきもやはり、ずっと仮説のままでなのだろう。そして今では新しい呼び名によって用をなさなくなった「鏑」の名前は、大鏑山ひとつを残して徐々に人の記憶から忘れられていくのだろう。

女ひとりテント泊と下山について

大鏑山に行こうと決めた一週間も前から、緊張感に囚われて過ごした。その大きな原因は、初のマイナー山域の残雪期単独テント泊にある。

予定してあるテント地でいいものかどうか、風でテントが飛ばされたら、山奥でひとりの夜が怖くてならなかったら、雪崩がおきたら、冬眠から目覚めたクマとばったり遭遇したら、誰もいないはずなのに夜中に足音なんかが聞こえてきたら、と現実的なものから非科学的なものまで、この山行を前にわたしの想像力は存分にその能力を発揮し続けた。

同胞がどのようにしてこの窮地を切り抜けたのかネット検索したところで、女ひとり、辺鄙な雪山にテントを背負って挑んだようなブログ記事はどこにも見つけられず、仕方がないので「怖くて死ぬことはない」のだと自分をなだめ、不安や恐怖を感じる事柄ひとつひとつに具体的な対処方法をあてがった。たとえば、一人で過ごす夜への不安については、気をまぎらわせるために観るコメディ映画をスマホにダウンロードする、など。

食欲も減退するほどどきどきしながらも、一方では冷静な自分が着々と装備を揃え、なんども地形図をながめてはルートについてイメージを重ね、リスク軽減の対策をテキパキと整えている。怖がる自分と冷静な自分、まるで異なるふたりの自分がめいめいに大鏑山登頂に向けて役割を担っているようだった。

そして、大鏑山登頂を果たした今、残された課題はひとりテントを張って、だれもいない山中で一夜を明かすことである。

雰囲気がよければ、大鏑山の山頂でテント泊とも考えたが展望に乏しく、一晩を過ごすにあたってときめく要素があるのかといえば、そこが大鏑山であることのほか見当たらない。風が強いのであればここがテント地に最適なのだろうが、幸い今夜は風の心配はなさそうだ。これで本日の宿泊地は、さきほどのビュースポットＰ１０７４で決定だ。稜線上のテント泊はだいたいがあまり推奨されないのだが、スマホで天気情報を確認すると上空１０００メートル付近の風速は十メートル。その後の予報にも変わりはない。現在のところ風はあまりない。大丈夫だろうと判断した。

それでもむき出しの雪原のど真ん中を避け、数本の細い樹林を背負ったあたりをテントサイトに選んで、さっそく地ならしをはじめる。時間は十五時過ぎ。日没は十七時三十分ごろだから明るいうちに居住空間を整える時間は十分にある。

風はときどき強く吹いた。地ならしを終えた一畳ほどにくしゃくしゃのテント本体を置いて中にザックを放り込んで重しとする。これで今日の宿が設営中に風にさらわれる心配はない。

テント設営の下準備が終わったところでガスを取り出し、すこし離れた場所に風除けの雪を積んで、煮炊きするための厨房らしきものをしつらえる。雪玉を鍋に詰めて火にかけ今夜と明日の水を作る。そしてその脇の雪のなかにビールを埋めて冷やすことも忘れてはならない。ガスと雪に仕事を任せると、ふたたびテント設営に戻る。

ポール二本を本体に差し込んで、えいやッと持ち上げるとあっという間にテントらしい形が現れる。割り箸を十字に麻紐で縛って自作してきた積雪期用のペグをいくつか打ち込み、つづいてフライシートを被せてペグを張れば、今夜の我が家の完成だ。風除けにブロックを積めばさらに居住性がアップするだろうが、お腹も空いてきた。申し訳程度にテントの裾付近に雪の塊を適当に積んでいると、神室連峰の方面から雲が広がりはじめ、まもなく小雪もパラパラと落ちてきた。その小雪を理由に、テント設営は完了とし、雪を溶かした水をボトルに詰め替え、よく冷えたビールを回収しテントに潜り込んだ。

テントの入口からは大鏑山が真正面に見える。テントの外に広がる雪景色は日没を前にほんのりとピンク色をにじませていた。これを見ながら早々にビールを開けたいところだが、日没まであとわずかである。晩御飯を作り終えなければ仕事は完了しない。

山中のテント泊は日没までひたすら忙しいものである。おかげで、入山まで心を悩ませていた情けない不安のひとつ、「もし夕方になってとてつもないホームシックになったらどうしよう」という点については、憂慮するいとまもないまま夕暮れを迎え、もはや頭のなかはビールを開けることでいっぱいとなり、つまらない不安が入り込む余地もない。

暗がりのなかもう0時になろうとしているのだが、眠れない。これだけ疲労困憊していると いうのに、神経が高ぶっているのか時間だけが虚しく過ぎる。スマホにダウンロードしたコメディ映画を観ている間は、さほど面白くもない内容だったおかげでうとうととしてきたが眠りに落ちるまでには至らず、ついにエンドロールまでコミカルなハリウッド女優の奮闘を、ひとり雪山のなかで見届けることとなった。もう他の映画を観る気にもなれず、ひとりの辺鄙な山の夜を、ラジオを聴きながらシュラフにくるまって眠気の訪れを辛抱強く待つ。だがどんなに時間が経とうが、意識がすとんと闇に落ちる瞬間は訪れない。日付が変わる頃、もういいやと降参し、横になっていれば体は休まるだろうと割り切った。

外の風は止んでいる。ときおりパラパラと小雪がテントに当たるような音がしていたのでてっきり雪が降っているのだなと思っていたが、ベンチレーターから外を覗くとなんと大きな星が煌めいているではないか。慌てて飛び起きて真夜中の山に這い出した。

なんと全天が星空である。夕方に広がった雲はきれいに取れていて、そして空を遮るものもない稜線のおかげで、わたしはすっぽりと星空の中に取り込まれている。氷点下の澄んだ空は、さながらゴッホの描く星月夜の絵のように純粋で力強かった。こうしてますます気持ちは高ぶって、ラジオからはとうとう朝四時の時報が聞こえてきたのでもう寝るのはいいやと起き上がった。一畳ばかりの三角形の狭い空間でコーヒーの香りとともにのんびりと夜明けを待つ。

明るくなるのを待ってテントを畳み、ザックにしまい込む。明け方、厚い雲に覆われていた神室連峰は、いつのまにか真っ白な姿をほんのりと朝日に染めて現れた。雲の流れが早いようだ。風もある。朝日は差しているものの、西の彼方には灰色の雲が控えていた。昨夜、テントの外にほっぽり出していたピッケルとスコップは雪に刺さったまますっかり凍りつき、渾身の力をもってても抜けてこない。ポットの湯を少し垂らしてようやく引き抜くことができた。このように今朝の雪はだいぶ固く締まっている。

身支度を整えて昨日辿ってきた山形・宮城の県境稜線を見下ろす。この雪ならば昨日の薮に入らずに、その尾根に並行して張り付いた雪を渡ることができるだろう。西の鉛色の厚い雲と、早朝ならではの固い雪の道。ぐずぐずと大鏑山を名残惜しんでいる時間はあまりなさそうだ。まるで魔法が解ける前に家路を急ぐ童話の主人公のような気分で山を下り始めた。

七時三十分すぎ、昨日ルート上に置いたルート旗を回収しながら県境稜線を逸れて山腹を下り、鉄砲平へ小沢を越えた。この小沢を越えると、昨日とは逆に「異界」から日常世界へ戻ってきた気分になりほっとする。もちろんまだまだこの先、下山するためのルートファインディングが待っていて、小雪がパラつく空はいつ視界を奪うかしれず気は抜けないのだが、下山の第一関門通過には違いない。一息ついたのち気持ちを引き締めて、鉄砲平の美しくも落ち着かない空間をつっきって行く。

知らず人恋しくなっていたのか知らないが、行く手から2、3人ほどの登山者らグループの楽しげな声が聞こえた気がして、ああ誰か登ってきたのだなと呑気に考えたのだが、よくよく音を分析すれば自分の着ているアウターが擦れる音が人の声に聞こえていたのだった。思わず苦笑した。だいたいあんな取り付きの猛烈な藪を漕いでまで、この無名の山域に入山してくる物好きなど、自分以外にいるものか。

こんなに美しい鉄砲平も、あのテント地の展望もそして冴えない大鏑山の緩いピークも、この先長いあいだ人が踏み入ることのない場所として在り続けるのだろう。あの小沢を越えて感じた「異界」の感覚は、人の入らない場所特有の畏れのようなものを、山にいることで研ぎ澄まされた本能が嗅ぎ取っていたものかもしれない。

秋田と宮城の県境までやってくると地元秋田に入ったせいか、だいぶ安全圏に戻ってきた気持ちになる。シンクロブナこと、そろって強風に枝をしならせた格好で大きくなった二本のブナを過ぎると、やがて鬼首道路を往来するクルマのエンジン音が聞こえてきた。

鬼首トンネルの真上の小ピークまでやってきて梢の向こうを見ると、厚い雲はもう取れて濃い青空が戻っていた。その下には山形・宮城の県境稜線があるのだが、それは高さといい見た目といい地味で平凡な景観で、わざわざ目を留める人もましてや登りたいと発想する人も少ないだろう。だがあれこそが大鏑山なのである。

（二〇一七年四月）

平鹿三山・金峰山

金峰山は秋田県の南部、横手市平鹿町《ひらかまち》にある標高４５０メートルの里山である。国道13号線を、横手市街から十文字方面へ向う途中に見えてくるごろりとした三角形が印象的で、とんがった頂点のわずかなスペースには金峰山神社が鎮座する。

ところで、たまたま昭和三十二年二月発行の、国土地理院による古い地形図のコピーをもらった。横手市から稲庭にかけての五万分の一地形図だ。横書きの文字は今とは逆の右書きとなっており、定価六十円。真人山《まとやま》の付近には、ちょうどこの地形図が発行された年に閉山となった吉乃鉱山の記載もあり、また昭和四十年代初めまで横手と西馬音内を結んで

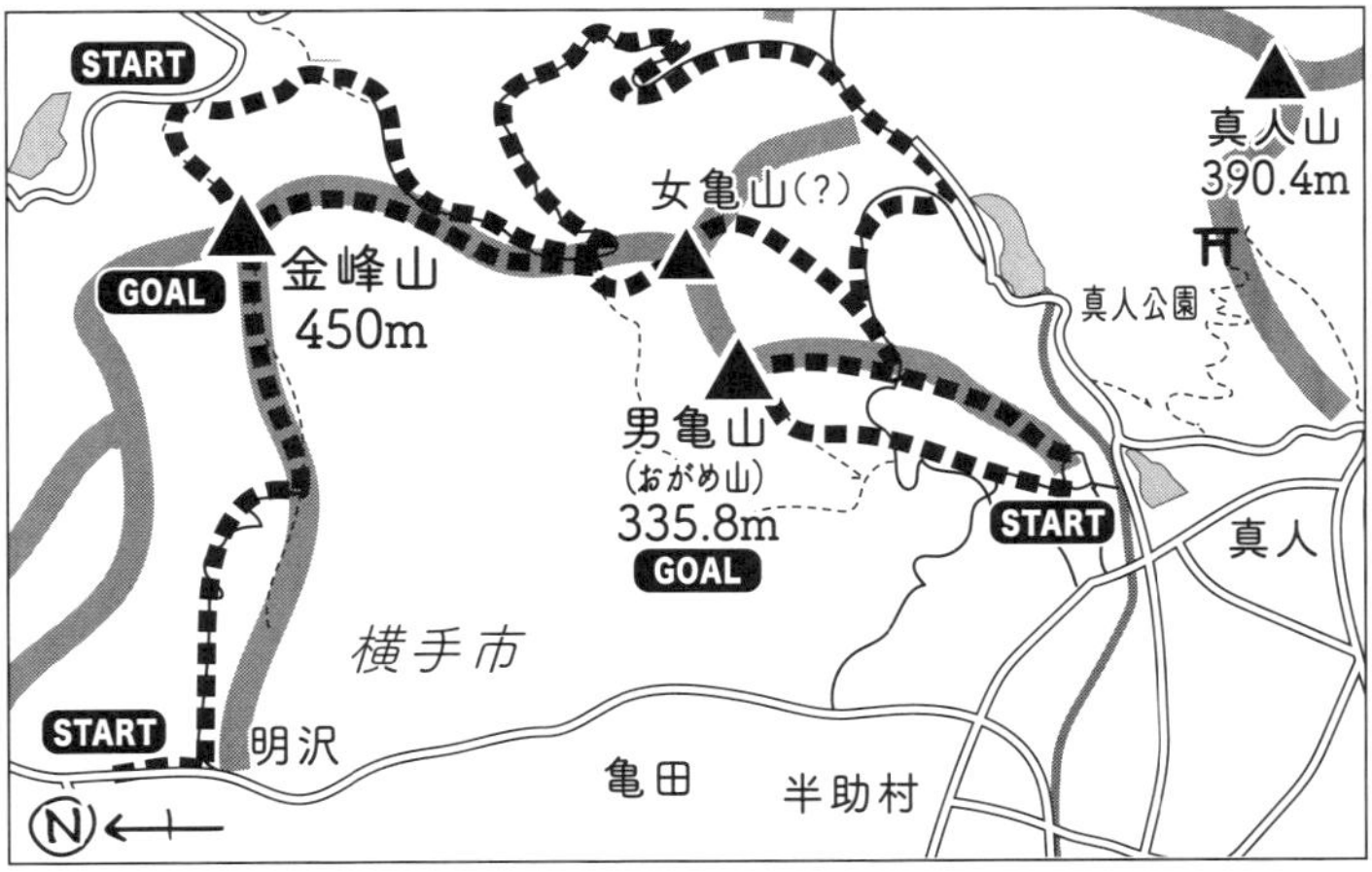

いた鉄道、横荘《おうしょう》線も健在である。
だがそこには、今も昔も変わらずに地元で親しまれているはずの、あの愛嬌ある三角山の名称が見当らない。代わりに明澤嶽《あけさわだけ》、と右書きで記載されていた。わたしの母が、この山のすぐ麓の集落出身なので、金峰山のことをむかしは明澤嶽《あけさわだけ》と呼んだのかと聞いてみたが、母が言うことには金峰山はむかしから金峰山と呼ばれていたという。では明澤嶽《あにさわだけ》の名称はどこからきたのだろうと頭をひねったところ、ぽろりと思い出した歌がある。

♪東の空の雲晴れてアケサワダケノアラワナル。

わたしの母校、醍醐小学校の校歌の一節だ。六年間も歌い続けて来た馴染みの歌であるが、そのほとんどの歌詞を発達盛りの子どもの脳は意味を成さない平仮名で丸暗記しており、歌詞が持つ意味や情緒などには無頓着のまま、今の今まで記憶の底に放っておいたのだった。

♪明澤嶽《あけさわだけ》の顕なる。

数十年後にして校歌の歌詞の意味がまさに「あらわ」になった。母の当てずっぽうな推理によれば、明澤嶽《あけさわだけ》は金峰山を含むあの一帯の総称ではないかとのこと。たしかに、秋田駒ヶ岳にしても男女岳、男岳、女岳などを含む一帯の総称であって特定の一座を示すものではない。明澤嶽《あけさわだけ》の文字が消え金峰山の名称に入れ替わったのは、地元集落と、明澤嶽《あけさわだけ》一帯の里山としての関わりが薄れたことも関係するのかもしれない。いまとなっては、里との唯一の繋がりは、おそらく山の名称でもある金峰山神社だけなのだろう。山の名前の移り変わりに、地元のくらしの変遷を思ってみたのだが、あくまでわたしの勝手な推測である。

金峰山の特徴的な姿は、わたしにとってふるさとを象徴する景色である。だが、そこに登り始めたのはつい数年前のこと。矢留山岳会のサイトウさんから、春に山スキーで登って来たという話を聞き、あんな小さな三角山でも山スキーが使えるのかと意外に思ったのがきっかけである。

以来、金峰山は自宅から近いこともあり、また積雪期にも駐車スペースに困らないこともあって、年に何度か登る山となった。登山コースは二本あり、一本は地形図に明澤嶽《あけさわだけ》と記されていた時代からのもので、麓のりんご園を抜け山頂の金峰山神社の正面めざしてほぼ直登する、いわば由緒正しい表参道のようなコース。もう一本はその表参道とちょうど反対側、金峰山神社の裏から登るコース。

こちらは近年になって作られた車道から新しく整備されたコースで、わずかながら駐車スペースも用意されてある。鳥居を潜ってはじまる山道は、石造りのベンチらしきものがあったり木製の手すりが設置されていたりと、入山者が歩きやすいような配慮も施されてある。その様子からして、おそらくこちらが今ではメインコースなのだろう。

積雪期にはこの車道の除雪がないので、除雪最終地点から山スキーやワカンなどで登山口を目指して、雪に埋もれた道を歩くことになる。雪がなければ二十分で登ることができる里山なのだが、積雪期には車道のラッセル1時間分が追加となるので、時間的にも体力的にもほどほどに充実した冬山を楽しむことができる。

山頂に着いたら、金峰山神社をお参りし神社の上がり框にお邪魔して、熱いコーヒーで一休みできるのも金峰山のささやかな楽しみのひとつである。無理して真冬の早朝に除雪車より早く家を出ることも、シビアなルートファインディングに神経を遣うこともない。金峰山での雪山歩きは、のんびりとしていて気負いなく、温かい飲み物と甘いものをザックに入れて半日、雪と戯れればそれでいい気楽な山歩きなのである。

しかしそれは「裏参道」を使って登った場合の話である。

わたしがよく登る、この裏コースは登り切ったところが神社の裏なので、登頂シーンとしてはどこか締まらないものがあった。神社があるならその正面に出た方がだんぜん気分が良いだろう。そんなことを思いながら何度か登るうちに、ついにある年の正月にたまには神社を正面に登る正規コースから詣でてみようかと思いついた。

その表参道の山頂直下はとにかく急である。山頂からこのコースの様子を見るときは、木の枝などに掴まって覗き込まないと見えないほどだ。この急勾配がある限り、賢い登山者が積雪期に選ぶ足回り装備はワカンが妥当だろう。と、それはわかっていた。

はたから見ている人がいたら、いまの自分は阿呆にしか見えないだろうと、山のなかでときどきそのように客観的に自身を傍観することがある。それはちょっとした好奇心から正規ルートをはずれて踏み込んだ藪などで、にっちもさっちも行かなくなって、なりふり構う余裕もなく必死に進んでいるときなどであり、また今日のように、ワカンで登るべき金峰山の正面の急な雪面を、何度何度もずり落ちながら無理やりに山スキーで登っているようなときである。

正月明け間もない一月、もそもそと雪が降るなかを、金峰山へ正面コースからはじめて入ってみた。選んだ装備は山スキーであった。山頂直下の斜度といい樹木の混み具合といい、金峰山の表コースで選ぶ足回りはワカンだろうと分かりきっている一方で、山スキーの「かんじき」としての優れた機能性が捨てがたかったのだ。ワカンに比べると、雪に接する面積が多いぶん沈み込みが少なく済む。山スキーは雪山歩きを格段にラクにしてくれる。

たしかに山頂直下の斜度を考えればワカンに軍配があがるところだが、それは全体の行程のわずかな区間でしかない。その他の地形を見れば山スキーを使った方がはるかに体力の消耗が少なく済む。核心部突破の効率を取ってワカンか、そこに至るまでの機動力をとって山スキーとするか。結果として山スキーを選んだのだが、動機の一部にはあの斜度を、山スキーで登れるだろうかという好奇心も含まれていた。

除雪車によってできた道路脇の1メートルほどの雪壁を乗っ越してから、山スキーを履いて正面コースへと雪に埋もれた林道を歩き始めた。林道入り口では巨大な杉の木が二本、出迎えてくれる。その巨木は平鹿町の保存樹で、名前を爺杉と姥杉と言う。遠くから眺めると姥が爺から身をそらして避けるようにして並ぶ様が、老夫婦のリアルな日常を彷彿とさせる。

林道をしばらく山スキーで進む。一月とはいえ気温の高い日が続いたこともあり、雪は重く湿っていた。天気予報では曇りときどき雪とあったが、もそもそとした雪は止む気配なく降り続ける。

やがて大きく開けた山腹に抜けた。りんご園の跡かもしれないが、まるで地元の小規模なスキー場のような空間が広がっている。晴れていればここで前方に金峰山の三角形の山容が見えてくるところだが、あいにく低く垂れ込めた雪雲がすっぽりと金峰山を飲み込んでいる。

視界が限られてしまうと、方向を知るのが難しくなるのは高山と同じである。コンパスを取り出し地形図に当てた。広い雪原を山スキーでなるべく最短距離を狙って進む。雪雲はときおりカーテンがはためくが如く風の加減でちらりとめくれ上り、金峰山の樹木に覆われた黒い裾野を見せてくれた。

のっぺりとした雪原の端までくると林の入り口に、雪をかぶって木製の標柱があった。狙い通りに登山道にたどり着いたようである。標柱の雪を払って見ると金峰山まで1キロと案内があった。そのわきには看板があり、こちらも雪を払ってみると「金峰山自然環境保全地域」とあり、ハイキングの案内にはやや物足りない、自然環境保全地域を示すことを主たる目的としたこの一帯のおおざっぱな地図が掲示されてあった。

ブナ、ユキツバキ群落

ミズナラ、キタゴヨウ、ユキツバキ群落

アカマツ、キタゴヨウ、ユキツバキ群落

看板には大きく3つの植物相が示されてあり、雪のない時期に登ったことがないので知らなかったが、この山域の植物相にはもれなくユキツバキがついてくるようだ。

林に入るとここから先は、もう案内するような標識は見当たらず、登山者によるピンクテープの目印もない。しばらくはゆるやかな尾根筋を、雪の下の夏道らしきルートを辿って登った。コンパスは一応、山頂にセットしてあるが、この地形ならば最大傾斜を拾って登ればいずれ山頂神社に着くだろうから気楽である。

勾配は徐々に増していき、100メートルほど標高をあげたところで一旦緩んで、つかの間のブナの優しい森の風景を見せてくれたが、やはりこのコースは山スキーで直登するような斜度ではなかった。早々に直登を諦めジグを切って挑むのだが、いかんせん樹木が混んでいるのでこれを避ける仕事が登る先々に付いて回る。こうなるとここまで快適に歩いてこられたスキー板は、方向を変えるたびに木の枝に捕えられることとなり、とたんに邪魔くさくなってくる。

こんな邪魔なものなど脱いでツボ足にしたらいいと思ったが、一月の雪は緩く、おそらく腰まで踏み抜くのは目に見えている。唯一、幸いだったのは、この時期には珍しい湿った重い雪だったことであり、スキーで踏み込めばある程度の踏ん張りが効く。もしパウダースノーだったなら、さらさらと雪が流れるばかりで山スキーどころか、ワカンですら厳しかったかもしれない。

やがてこれでもかと言わんばかりに斜度は増し、見上げる斜面にはブナ林によってできた雪溜まりが随所にできており、超えるに難儀しそうなギャップとなって立ちふさがる。それはまるで荒波の波頭のような景観である。これはワカンであっても厳しそうだ。ましてや山スキーで突破しようなど、よっぽどの物好きか阿呆である。分かっている。承知のうえでの山スキーなのだが、この斜面を覆う雪の荒波は想定外だった。

もはやジグを切っての進行も難しい。仕方がないので足場を踏み固めながらのカニ歩きとなるのだが、この登り方の難点はますますスキーが木の枝にひっかかりやすくなる点だ。スキー板を横にして一歩一歩をずり落ちながらカニ歩きで、ブナと雪の荒波を右へ左へ避けながらうろうろと越えていく。ときにはブナの幹にしがみついて無理やり体を上げていく。やみくもに、ただ必死に登っていく。

この先をどう登って行こうかと半分途方にくれながら、そそり立つ斜面の雪にスキーのエッジを食い込ませて一息いれる。ふと見ればルートを求めて落とした視線の先、ブナの根元で雪が途切れぽっかりと丸く地面が覗いていた。そこにはつややかな光沢の濃い緑の葉っぱがあった。これがユキツバキなのだろう。登山口の看板が示すように、ここは「ブナ、ユキツバキ群落」のゾーンなのか。見渡せば、あたりはブナのやさしい灰色の林に覆われている。そういえば、この山の雪のない季節を見たことがない。ほんとうに、あの看板がしつこいぐらいに記すほどここはユキツバキの群落に覆われているのだろうか。

登山口からの、重く湿った雪は山頂直下100メートルの急斜面を登るにつれ、徐々に軽くなっていった。麓よりわずかに標高が上がるだけの小さな山でも、雪質に違いがでるほどに気温は里よりも低くなるらしい。軽い雪はさらさらと崩れやすく、こうなるとスキーアイゼンも雪を捉えにくくなり役に立たない。残りほんの十数メートルの標高差をずり落ちながら登っていくと見上げる梢の向こうにようやく空が見え始め、やがて雪の向こうに神社の屋根が現れた。

ゴールが見えてくると応援を受けたような気分になり不思議と気力体力が蘇る。難儀しながらもようやく山頂に這い上がった。1時間半で登ってこれたのは、取り付きまでの雪の状態と山スキーの機動力のおかげだろう。とはいえ雪の軽いこの季節に登るのは、ワカンであっても手ごわそうである。

境内に背丈ほどに溜まった雪を乗っ越して金峰山神社の正面に出た。スキーを外して引き戸をあけ、柏手を打って正月を数日過ぎた遅い初詣をし、今年の安全で楽しい山歩きについて願掛けをする。それから上がり框の隅に腰をかけ、カップラーメンで暖を取りながら昼食。薄暗いお社の中から眺める雪景色は、明るく柔らかい。雪は相変わらず降り続けているが、金峰山はおだやかで静かである。

1時間近くものんびりと雪景色を眺めていたが、さすがに冷え込んできたので下山とする。降り続ける雪は、往路のトレースをきれいに覆い隠し、金峰山の山麓は、下山時にはもうまっさらな雪原にすっかりデフォルトされていた。正面ルートの急登に、愚かにも山スキーで登った地元の登山者の悪戦苦闘の証拠隠滅は図らずも完了である。

（二〇一四年一月）

男亀山

金峰山が明澤嶽《あけさわだけ》と記されていた古い地形図では、山頂から南に伸びる緩やかな尾根上に一本、山道を示す点線があってそれはその先の無名ピークへと繋がっている。その道は現在の地形図にはすでに記載がなく、のちにこの道に平行するようにしてできた車道にその役割を譲ったものと思われる。

その、廃道となった古い山道は、昭和三十二年の地形図によると、無名ピークを下る二本の道に合流しいずれも麓の集落におりていく。さらに南下した先には真人山《まとやま》がある。

国道13号線を東成瀬方面へ向かう途中、蔵の町増田町から展望すればこの古い山道が結ぶ金峰山、無名ピーク、真人山《まとやま》の三つのピークが小粒ながらも揃って並ぶ様子が目につくので、勝手ながらわたしはこれらを「平鹿《ひらか》三山」と一括りに名付けた。標高４５０メートルの金峰山を最高峰に、３３５・８メートルの無名ピーク、谷をはさんで３９０・５メートルの真人山《まとやま》とどれも地味な標高ではあるが、その西側には平鹿平野が開けているので、低いながらも目立つ三山である。

実際、古代の豪族がこの一帯を治めていた時代には、平野を見渡すことができる真人山《まとやま》にその居城があったとされている。ちなみに真人の名前はその豪族に由来する。今では砦の痕跡もなく、平鹿平野を見下ろす山頂付近には三吉さんが祀られているだけである。

低いながらも要所だった真人山《まとやま》と、信仰の山域であった金峰山と、その真ん中にある無名ピークの三座で成立する平鹿三山なのだが、名前もなく由緒もわからない一番低いピークの存在が謎めいている。麓には亀田、半助村、沢口の集落がある。山頂には神社マークがあり、三角点もあり、麓集落から伸びる山道を示す点線がある。

山道は現代の地形図には一本であるが、昭和三十二年の地形図には二本もついてある。無名であるはずがない。きっと地元では何らかの名前が受け伝えられているのだろう。とりあえず登ってみようと思い立った。

三月、枝切り作業の始まった残雪のりんご園を眺めながら、真人公園までやってきた。真人公園は真人山《まとやま》の入山口でもあるが、本日は公園そばの温泉施設の裏から無名のピークを目指すのだ。

この温泉施設一帯の巡回担当らしい猫数匹に見送られながら、松の木の多い斜面に取り付く。雪は表面こそざくざくと腐っているものの、よく締まっていて沈み込みはさほどなく快適だ。この先すぐのところに神社があるので、なにかこの一帯の由緒がわからないものかと期待したが、あいにくお社はプラスチックの波板で厳重に雪囲いが成されていて、扁額を確認することはできなかった。

神社の裏手からゆるい斜面を登るとすぐに開けた雪原に出る。行く手には目指す無名ピークが、麓へ緩やかに裾野を伸ばして優雅な二等辺三角形を形作っていた。二等辺三角形は、芽吹き前の樹林に黒くすっぽりと覆われている。現代の地形図を確認すればこの一帯は果樹園マークがあり、無名ピークの麓を作業道らしきラインが横切る。果樹園マークの広い山腹をつっきって、この作業道に出た。道はまだ雪に埋もれているものの割と広くしっかりしたもののようである。

現代の地形図によれば無名ピークに至る夏道は、この山の二等辺三角形の長辺を成す尾根にあるのだが、古い地形図にあるもう一本の道はちょうど、いまわたしが作業道から見上げている尾根につけられていたものである。

ピークへは林道から100メートルばかりの標高差だ。金峰山は山腹をブナ林で覆われているが、こちらは標高が低いこともあってかブナは見当たらず、赤松が混じる雑木林である。松の木は人工的に植えたものか知らないが、雑木林の山腹に途切れながらも一筋のラインを描いて山頂付近まで伸びていた。途中に大きなさざれ岩が3つほど、雪に埋もれてごろりと唐突に立ちふさがるのを迂回して、やや急だが雪のしっかりとした斜面をスノーシューで登って行く。

三月とはいえ山は春の気配よりも、昨年の秋の名残のほうが色濃く、ドングリやマンサクの実、リョウブの房状の実、ウルシの実があちこちで揺れている。見上げた幹の中程に、まだ新しい丸い見事なキツツキの巣穴が開けられているのを見つけ、よくぞくちばしだけであもきれいに穴を開けるものだなと感心したりするうちに、行く手に杉の木が濃くなった一角が現れ山頂に着いた。

　三角点は雪の下であり確認できないが、杉の木に守られるようにして小さなお社は健在であった。下で通り過ぎた神社に比べるとかなり質素で装飾的なものは何もない。毎年の雪囲いの手間がかからないようにとの計らいか、神社の建物は壁も引き戸も紺色のトタンが張り巡らされている。質素ではあるが、きちんと手入れされ続けていることは、お社に傷みがないことから伺えた。扁額がなく、引き戸も雪に埋もれていて開けられそうになかったので、その縁起を探ることは断念するほかなさそうだ。

　神社の裏手に回って雑木林の合間に金峰山を展望した。あわよくば、金峰山まで縦走しようかと目論んだのだが、昼間近の時間から向かうには、思ったよりもアップダウンがあったので気持ちは萎えてしまった。樹木の幹の間から、ふるさと平鹿町を見下ろす一角でザックをおろし、小休止とする。ここは昔に薪の切り出しでもあったのか、年季の入ったような太い幹周りの木はなく一様に細いのだがどこか優しい、ほっとする林である。

　熱いミルクティーを作って一息いれる。空にはまだらに雲がありときおり小雪がはらりと落ちてくるが、本格的に降るつもりはなさそうだ。眼下の里には柔らかな日差しがあって、風もなく静かである。冬の名残ばかりが目につく里山にも、春はこうして促されている。

　下山にはせっかくなので、夏道のある二等辺三角形の長辺の尾根を使った。登りで使った尾根よりも若干傾斜がきつく、今日のようなざくざくとした腐れ雪ではスノーシューの足を取られ、難儀することとなった。新雪ならばふかふかと浮遊感を楽しみながらのスノーハイクができるだろう。途中から夏道ルートを外れて再び林道と合流する。そのまますりんご園のなかを細い作業道を雪の下にたどって行くと、杉木立ちのなかに鳥居があってここを潜ってスタート地点である温泉施設に戻ってきた。

結局、この無名ピークについてこの日の山歩きで得た情報は、地形図通りにちゃんと神社が祀られていることだけであったが、後日ブログへのコメント欄にこの麓集落に縁のある人から無名ピークについての書き込みがあった。この山は地元では「おがみやま」と呼ばれていたとのこと。拝む山という意味かなと、その人の推測が添えられてあった。その推測通りならば、山頂に神社を祀りさらに「拝む」ことを名称にまで織り込んでいるとは、地元の人々のなんと入念な信心深さだろう。

無名ピークに「おがみやま」の名称を割り当てて、改めて地形図を眺めれば、麓集落のひとつ、「亀田」と「おがみやま」の読みに共通点を感じなくもない。秋田訛りでこのふたつを発音すれば、「かめ」と「がみ」の境界は著しく曖昧になる。いずれにしても、無名ピークはこうして「おがみやま」と地元では呼ばれていることを教えてくれたわけである。この平仮名が本来は何らかの意味を明かす漢字があるのかないのか、謎解きは次のステップへと続くのだった。

（二〇一二年三月）

女亀山

今年こそ、地元平鹿町の金峰山に咲くユキツバキの群落を見るのだと意気込んで、五月上旬、今シーズンはこれで二度目の金峰山にやってきた。ユキツバキは雪国特有のツバキである。雪国特有の所以は、長い積雪期に対応して進化した柔軟な枝にあり、雪が降り積もるとその重みにまかせて地面に枝を伏せ、氷点下の季節を雪によって凍結から守られて過ごすのだ。春、雪解けとともに伏せていた枝が起き上がり、蕾の先は赤く色づいて開花を迎える。ユキツバキは、ここ秋田県南部の金峰山一帯においても見ることができ、その山腹にあるブナの林床一面を覆って大いに繁茂している。

金峰山の山腹に、濃い緑色の葉とコントラストを成して、鮮やかな紅色が咲くのを見たいと思いこの三年ほど何度か足を運んでいるのだが、いつも早すぎたり遅すぎたりしてなかなか見頃に巡り会えないままである。二週間前に訪れたときは蕾が開きかけていたから、今日ならばきっと念願の開花にちょうどいいのではないだろうか。

金峰山の裏コース登山口までクルマで入り、鳥居をくぐって山道を歩き始める。すっかり雪の消えた山腹にユキツバキの群落がひしめき合っているのだが、紅色の開花はポツリポツリとあるばかりで、どうやらユキツバキの花は山腹一帯を紅で染めるほどには一斉に開花しないようである。あるいは、タイミング次第なのか分からない。ちらほらと山道脇に紅い花びらが現れるのだが、おとといまでの雨のせいかどの花にも傷みがあった。

こうやってユキツバキの傷みのない理想的な一輪を求めて二十分も登れば、もう山頂である。ついに今年も完璧な一輪には出会えないまま、また来年に持ち越す課題となりそうだ。

春の空はカラリと晴れていて、すっきりとした青空には芽吹き始めたブナの鮮やかな新緑があった。ぽかぽかとした陽気に包まれた山頂の境内で、のんびりと抹茶を点てて過ごす。ユキツバキのことは早々に諦めてのどかな気分で境内を見渡せば、その真ん中の地面に色合いの異なる岩が真横に露出しているのが目にとまる。聞くところによればこのラインは鉱脈なのだそうだ。このラインを南へ辿れば、昭和三十二年に閉山したかつて県南きってての鉱山であった吉乃鉱山がある。

春の陽気の居心地の良さに、三十分以上も山頂で過ごし下山にとりかかる。神社裏にまわって最初の急斜面を下りると、登山道とは逆方向へなだらかに尾根が伸びているのが目に入った。細いブナが立ち並ぶその林床には昨年の落葉が敷き詰められ、そしてユキツバキの群落がところどころを覆っている。

登山道はないのだが、踏み跡らしきラインがおぼろに見えるのは、かつてはこの尾根上に道があったためである。ふかふかとした落ち葉の尾根はなだらかで明るく、歩いたら気持ち良さそうだった。あいにくこの先の地形図を持っていなかったが、気まぐれが起こってこの廃道を使って、数年前に登った「おがめやま」まで縦走しようと思いついた。

おがめやまは、地形図にはその名称の記載はなく、三角点と神社のマークがあるだけの無名ピークだ。二〇一二年の三月に登頂し、その記録をブログ記事に綴ったところ、麓集落にゆかりのある人から「おがめやま」と呼ばれていたとのコメントをもらい、ようやく名前が明らかになった山である。

そして、その三ヶ月ほどあとになって同じブログ記事に、おがめやまは「御亀山《おかめやま》」であるとのコメントが入ったのだ。麓にある半助村在住の方からの書き込みで、昔から地元では親しまれてきている山であると説明があった。

その山の呼び名が数キロメートルと離れていない麓集落の間ですら一定でないのは、おそらく公式な記録に、その名前が記されることがこれまでなかったせいかもしれない。わたしがかつて、母校醍醐小学校の校歌を平仮名で丸暗記し、そこに意味をなす漢字を知らないままだったのに似て、口伝えだけで伝わってきた呼び方、それで麓のコミュニケーションには支障がなかったのだろう。

名前が明らかになったところで改めて歩こうとした理由には、この「おがみやま」こと御亀山の名前には、さらにまた別の呼び名が浮上してきたためである。このいくつかの名称で呼ばれるピークの隣には、寄り添うようにしてもうひとつ小さなピークがあって、女亀山と呼ばれていることを何かの記録に見つけた。

こうなると、女と対となる男があって然るべきで、おがみ、御亀と呼ばれるピークに「男亀」という名称があってもおかしくない。隣り合うピークはよく男女で対の名称が付けられるのは珍しくなく、知られた山では男甑と女甑、秋田駒ケ岳の男岳と女岳などがある。

金峰山からかつての古道を薮のなかに拾って、女亀山、男亀山あるいは御亀山、さらにあるいは「おがみやま」へ縦走すれば、雪が消えた道中や山頂にその名前の由来を示すような、決定的な手がかりが残っているのではないかと考えたのだ。もちろん、春の陽気に温められた尾根上の廃道が、とても気持ち良さげで、歩きたい気分にさせたことも大きな理由である。

落ち葉の尾根にときどき現れる踏み跡を拾いながら、地形図も持たずに分け入っていく。雪解けまもない時期であるせいか、薮もさほどではない。ただ、分け入っていくほどにユキツバキの群落が次第に濃くなり、見渡せば細いブナ林の林床が一面ユキツバキに埋めつくされていた。圧巻だった。これほどまでにユキツバキに一面を埋め尽くされている山というのは、どこか妖艶である。

そう思わせるのは、ユキツバキの濃い紅の色や青みがかった緑の硬い葉の持つ、どこか南国めいた艶やかさにある。それはくっきりとした生気を発していて、雪国がようやく迎える春のやわらかな色彩の景色と相容れない異質な風景に思えるのだ。

進むほどに濃くなったユキツバキ群に、おぼろだった踏み跡がすっかり飲み込まれてしまい、広がった尾根は地形図を持たない登山者が道迷いに陥る条件を満たそうとしている。ユキツバキの妖術に誘われて道を迷わないようにと、開けた尾根の南側へ寄りふとその下を薮越しに覗き込んで驚いた。なんと、すぐ2メートルほど下を舗装された道が通っているではないか。その舗装道のわきにはかわいらしい東屋まで整備されてある。

地形図なしの行き当たりばったりならではの衝撃であった。なるほど、こんな立派な道がすぐ脇にできてしまえば、ユキツバキの妖艶な魅力に拐かされそうな、かつての古道は廃道になるはずである。

さっそく薮に捉まって斜面を舗装道へと降りた。舗装道路はクルマも十分に通ることのできる巾だ。金峰山登山口から真人公園へ抜ける道のようだが、これまで通ったこともなければその存在さえ知らなかった。歩いてすぐに木製の看板が出てきて「さえずりの道」などと記されてある。この舗装道の名称らしい。そしてその看板が指し示すもう一方を見ると、舗装はないものの大人二人が並んで歩くには十分な幅で山道が整備されてあり小さなピークへと続いていた。

東屋のある展望地に出ると梢の向こうになだらかなピークがあっておそらくそれは、「おがみやま」であり御亀山であり男亀山である。そして今わたしが立つピークがその相方の女亀山なのだろう。だが特にそれらの名称を示すものはない。山道は、古い地形図のままに女亀山の山腹を男亀山方面へと伸びているようでもあるが、確信はない。時間も気になってきたので、この道の探検は次回へとまわすことにした。

帰りは舗装道路の「さえずりの道」を歩いてみた。この一帯は平鹿いこいの森として整備されているようで、道路脇にはときおり東屋が出てくる。また源義経が奥州平泉へ向かう途中に残した伝説「三貫桜」の地や、一八六八年の秋田藩と庄内藩の戦いで戦死した岡村頼母《たのも》戦死の地の標柱など、これまで全く知らなかった地元の伝説や歴史の紹介があった。感心しながら歩いていると、東屋のある広場に出て行き止まりとなった。

せっかくなので小休止がてら、その周辺を散策すると一本の標柱を見つけた。塗装の剥げかかった標柱には「真人地区（男亀森、女亀森）」と毛筆体で記されてある。この一箇所に「男亀森」と「女亀森」のふたつの森が集約されていることはないだろうからやや大雑把な情報だ。「山」の名前にはしばしば「森」の字も使われる。この標柱によって、また新たな名称候補が名乗りを上げることとなった。地名の謎は核心に迫りそうでいてまだまだ途上である。

舗装道路を歩き続けているうちに、ようやく手持ちの地形図が示す範囲に戻ってきた。このままこの道を辿るにはひどく遠回りになりそうだったので、道を外れて藪に分け入り、金峰山の登山口まで直線ルートを取って今日の里山探検のフィニッシュとした。

（二〇一六年四月）

追記・おがめやまについて三角点として調べたところ「男亀」の名称が付けられてあった。

秋田の太平山(大平山)、全部に行く

残雪の太平山 奥岳の鳥居と並ぶ

太平山（大平山）コンプリート

面白い山域はないかなと漠然と地形図を眺めていたとき、太平山がやたらとあちこちにあることに気がついた。ざっと地形図をみれば、秋田市郊外にある太平山地の主峰奥岳を筆頭に、県南から県北までここにも、ここにもと面白いように太平山（大平山）があるではないか。そのどれもが標高５００メートルにも満たない里山で、１０００メートル級は奥岳のみ。ほとんどが里に近く、登山道を示す点線が記されてあったりなかったり。標高からして奥岳以外はだいたい1時間ほどの山歩きである。時間のない日や、用事でその地域へ行ったついでなどの隙間時間を利用して、県内の太平山の名前がつく山を全部登ってみるのも楽しいかと考えた。

1座目、奥岳（標高1170メートル）

太平山奥岳は秋田市郊外にある。秋田市民にとっては馴染み深い山だと聞くが、県南在住のわたしにとってはさほど思い入れもなく、せいぜいそのうち登ろうかなという程度の一座であった。太平山については、そうやってのんびり構えていたところへ、登ったことがあるという知り合いからその素晴らしさを語るよりも何よりも開口一番に、太平山はキッいなどと余計なことを聞かされたものだからますますわたしの、太平山への道のりはいつかそのうち気分がノッたらと、のらりくらりと遠のく一方であった。

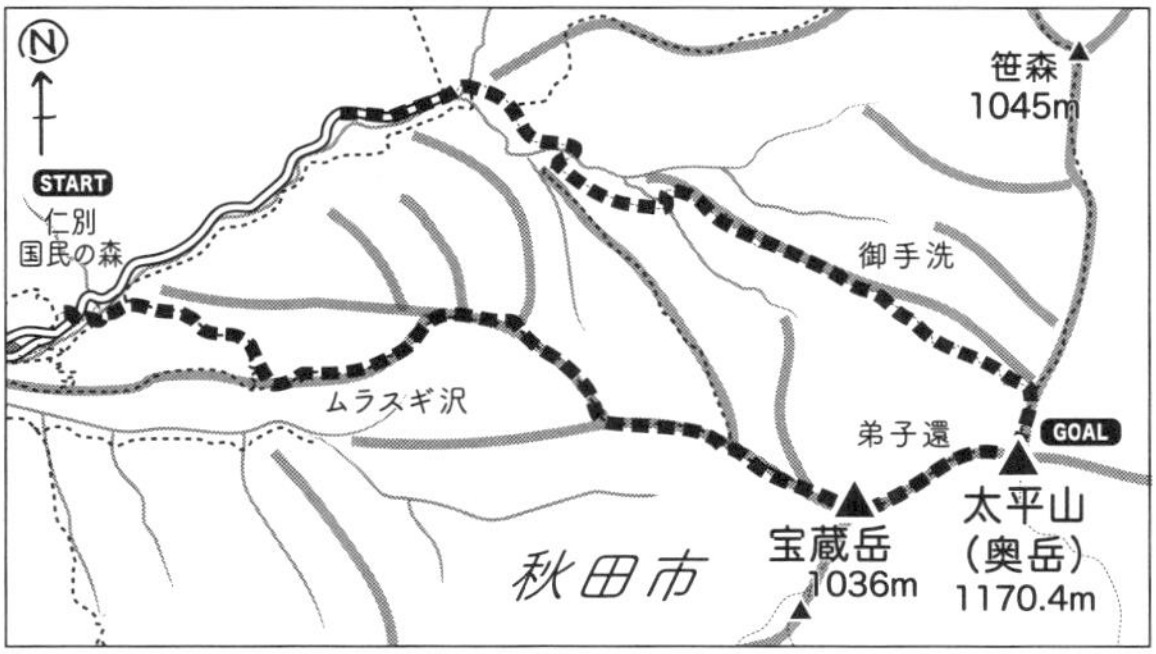

太平山とわたしの関係はしばらく平行線のままだったが、変わり者のタナカさんから太平山へ登るがどうだとのメールが舞い込んだ。太平山の文字に対して条件反射のようにいつぞやの知り合いの「キッい」の言葉が蘇り一瞬迷ったのだが、その提案内容は「お昼ごろに山頂集合で」と続くではないか。

登山口集合の間違いではないのかとよくよく内容を読めば、タナカさん自身はまだ歩いたことのない旭日又コース登山口から笹森、奥岳へと縦走するコースを歩きたいから、ツルオカさんは宝蔵岳から弟子還を越えて奥岳へ登って来ればいい、登山口で下ろすからとわたしが面白がりそうなコースもすっかり企画しての太平山の提案であった。互いに主峰奥岳で昼に合流し、下山は御手洗《みたらし》を旭又登山口におりてくれれば、ぐるっと周回ルートがふたつ出来上がるのだと得意げな様子のメールだ。

御手洗からのポピュラーコース、つまりいつぞやの知り合いが言うところの「キツい」ピストンコースしか思い浮かばなかったわたしへ、宝蔵岳からの痩せ尾根通過、弟子還の鎖場などを示し、おまけに今はまだ雪が残っているのでルートファインディングや歩行技術も必要になってくるという、とっておきの高付加価値ルートだったのでがぜん登頂意欲が湧き上がり、四月も半ばの残雪期の太平山へいそいそとやってきた。

太平山地は秋田県のほぼ中央に位置し秋田市郊外から、前岳、中岳、鶴ガ岳、剣岳、宝蔵岳、そして主峰の奥岳へと稜線を連ね、一方は馬蹄型を成して馬場目岳、一方は阿仁まで伸びて山塊最高峰である白子森へと続く。奥岳山頂には三吉神社奥宮がある。三吉神社は、三吉さんとも呼ばれ親しまれてきた郷土の神様である。もとは太平の君主藤原鶴寿丸三吉が、その人望を他の豪族から妬まれ地を追われ、太平山で修行をして力を得て、のち勝負の神様として祀られるようになったという。弱者を助け、曲がった事が大嫌いな性格と伝えられ、いわば昔の人々にとっては胸のすくようなヒーロー的存在にも近かったのかもしれない。

ピッケルを右手に、よく締まった四月の残雪をキックステップで登ってゆく。晴れた早春の空には、芽吹きを待つ梢にキツツキの軽やかな作業音が響く。宝蔵岳直下は結構な斜度である。ときおり、蹴り込みの甘い一歩がずるっと滑る。アイゼンを履いてしまえばさぞかし登りはラクだろうが、この雪の状態と斜度ではキックステップで十分らしい。アイゼンを履いた足の抜群の安定感を知ってから、ちょっとの斜面でもアイゼンを履いていたところ、山仲間にもう少し山の状況を見てアイゼンかキックステップか判断することを勧められたばかりであった。雪山の経験がまだ浅いわたしとしては、アイゼンがラクであると同時に、アイゼンやピッケルなど雪山道具には憧れもある。それらを携えていると、いかにも山慣れた山屋にグレードアップしたみたいで気持ちが盛り上がる。まだまだ使いこなせないこれらの道具は、当時のわたしにとっては安心感をもたらす以上に、ファッションアイテムに近いものがあった。

十二時、宝蔵岳の１０３６メートルのピークに立つ。残雪の向こう、弟子還の岩場を越えたところに目指す太平山奥岳がある。予定ではこの時間はすでに奥岳のピークを踏み、別のルートから登ってくるタナカさんが到着するのを、コーヒーでも飲みながら悠然として待っているつもりでいたのだが、ゴールまでにはまだ小一時間ほどかかるだろう。もはや山頂でタナカさんの到着を待つどころか、逆に一時間以上も待たせることになりそうでがっかりである。

遅れた原因は、タナカさんより早く山頂に到着したいという、つまらない対抗意識にあった。今朝八時すぎ、宝蔵岳への登山口でひとりクルマから下ろされ、じゃあ山頂でとクルマを見送るなり、わたしは駆け足でスタートを切り、そしてさっそくルートを見失った。登山口の遊歩道の橋を渡ってまもなくのことである。コースには雪もなく道は完全に露出していたのだが、タナカさんより先に山頂を踏むのだというにわかに沸き起こった競争意識に急かされて、脇目もふらず地形図もろくに確認もせず、闇雲に突き進んだ結果である。

何本かある遊歩道は、工事でところどころ不明瞭となっていて、気が付けば正規コースのつもりで来た道は、小さな沢で行き止まりとなった。ようやく観念して地形図を開き状況を照らし合わせ、どうやらあらぬ方向へ向かっていたことを認める。ここは大人しく引き返すのが謙虚な選択だろうとも思ったが、地形図を見ればこの急な山腹の上に登山道がある。ここは謙虚になりすぎるよりも、冷静な状況判断だろうと考え直し、目の前の急斜面を藪に捉まって尾根へ這い上がることにした。

上がって見れば登山道はきれいに整備されており、太平山山頂や、展望台方面を示す看板が歩く人が迷わないように念入りに備えられてあった。これほど親切な登山道を、入り口でどうやって見落としたのか。人というものは気持ちひとつで見えるものが見えなくなったり、ありもしないものが見えたりして思わぬ失敗をやらかすものだ。

何でもない場所でだいぶ時間をロスした。この先は雪もあり、難所もあるのだ。出し抜いてやろうなどという競争心に心を奪われて、遭難などしてはつまらない。見れば足元にはイワウチワやイワナシの愛らしいピンクがほころんでいるのだ、一着などの煩悩を捨てていまこの瞬間の山を楽しむべきだと、修験の山らしく悟りをひらく。

宝蔵岳を過ぎると、弟子還へ続く痩せ尾根の通過にさしかかる。尾根上に雪はなく藪と岩が露出していた。弟子還の鎖場についてはタナカさんから、雪がまだ残っていて通過が難しいようならそこで引き返すようにと、かつて修験者があまりの難所に弟子をここで帰したという、まさに弟子還の名前の由来そのまんまのやりとりが出発前にあったのだが、かの難所にさしかかってみるとここ数日の春の日差しにすっかり雪は落ちている。

　雪がなければこの鎖場も、手足を駆使して登るだけの急な岩場でしかない。これなら師匠もここで帰れとは言わないだろう。振り返れば、宝蔵岳からここまで、歩いてきた残雪の稜線が気持ち良く伸びていて、その奥には青空に鳥海山が白く浮かんでいた。残雪の山域をひとり、小さな判断を重ねて歩く充実感が展望をいっそう輝かせ、清々しい気分が胸に満ちてくる。

　弟子還のピークからは、いよいよ奥岳が近い。距離にして500メートルもない行程であるが、さすがに登山道はまだ雪の下にあり、稜線には雪庇がせり出していて迫力の景観である。この荒くれた自然の造形を自分の判断で歩くのだと考えると心が弾んだ。

　これまで雪庇の通過経験といえば、人の後ろからそのトレースに従って歩いたことしかない。しかし本日はこのコース、わたしの他に歩いている変わり者はおらず、ウサギのトレースすら見当たらない。雪山歩きをはじめてほんの二年か三年ほどの経験を総動員して、雪庇やクラックを警戒しながら本日のルート最後の登りに挑む。

　山頂に人の動く気配がして見れば、タナカさんが手を振って待っている。ああやっぱり山頂一着ゴールは成らなかったかと悔しいには悔しいが、斜度が増す山頂直下、遅れを挽回しようとピッチを上げようにもお腹が空いてきて力が出ないどころか、数歩登っては立ち止まってばかりで一向に捗らない。気持ちが急げ急げとはっぱをかけるも、足はストライキ寸前である。

　このバテバテの様子は、山頂からは丸見えだろう。せっかくここまでこのマイナーなコースをひとりピッケルを携えて、キックステップを繰り出して一人前の登山家として歩いてきたはずが、太平山奥岳の最後の苦行に本来の自分の姿があらわとなる。さすがは修験の山である。

お疲れーと、待ちくたびれたタナカさんに出迎えられやっと山頂だ。顔をあげれば鳥海山、栗駒山、焼石連峰、真昼山地、秋田駒ケ岳、森吉山と、ぐるりと東北の名峰に取り囲まれての太平山初登頂である。そして秋田県太平山登山ラリーの第一座登頂である。


（二〇〇九年四月）

2座目、神宮寺の大平山（標高387・3メートル）

ふるさとの景色として親しまれる山がある。横手市平鹿町在住のわたしにとってそれは金峰山で、ドライブや旅行などから帰って来たときにあの三角形が見えてくると、もう自宅に着いたような気にさせる。

おそらく大仙市、とくに神宮寺付近の人にとってそれは、神宮寺岳ではないだろうか。とくに秋田市方面から国道13号線を南下してくると、にょっきりと起立する姿は故郷の門のようで存在感がある。その神宮寺岳のすぐそばにも大平山がある。太平山は「タイ」の字が「太」と「大」があり、神宮寺の一座は「大」の

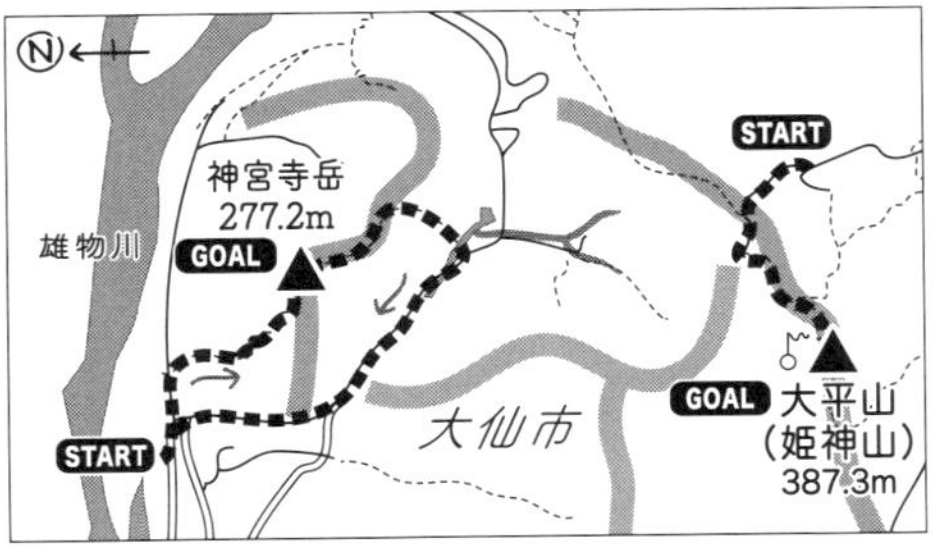

字で地形図には記載されてあった。その下にはカッコ書きで姫神山と添えられており、地元ではカッコ書きのほうの名称で親しまれているようである。この大平山の標高は387・3メートル。神宮寺岳が277メートルでこちらより100メートル以上も標高があるのだが、特徴的な山容のせいか神宮寺岳のほうが印象的である。せっかくなので、二座をまとめて登ろうと雄物川のほとりの登山口にやってきた。

まずは神宮寺岳。地形図の登山道を見れば、どこからみても等高線の幅が緩むような隙もない山で、雄物川沿いの道路からはじまる急峻な斜面に、九十九折りに点線が付けられてある。ほかにも林道を入っていった奥からも一本、比較的等高線の間隔が開いた尾根に点線があったので、下山はこちらを使えば周回ルートが取れそうである。標高は300メートル足らず。標高差は250メートルほどなので、どんなに急でも登りで一時間はかからない行程だ。

登山口にやってくるとそこには神宮寺岳と記した小さな案内板があり、登山道の方向を示す矢印はこの先の急登を予感させるように、ぐいっと斜め上を向いて記されていた。少し先の鳥居をくぐれば早くも急登が始まるので、足元のマイヅルソウや、ソデコのぼんぼりのような花を眺めて息を整えながらゆっくりと登りはじめる。登山道は湿った粘土質の土で急な上に滑りやすい。

里山と聞けばどこか牧歌的な響きがあるのだが、そのつもりでのんきな気分で入山してみれば、意外と急登ばかりだったり登山道が必要最小限の維持状態だったりで、思いのほか手強いことが多い。

ふうふう言いながら体を上げていけば、梢の向こうに景色が広がり眼下には雄物川が見えてきた。ゆったりと流れる川面はよく見ればツートンカラーになっており、向こう岸を流れる水の青が濃い。聞けばその濃い青は、玉川から流れ込む水なのだそうだ。同じ水で同じゴールを目指しながらも性質の違うものは、すぐには打ち解けないようである。

登山道の斜度は一向に緩むこともなくひたすら標高を上げ、そのうち木の根と岩が露出し、傍にはトラロープが張られ景観的にも物々しいほどに急となる。しかしその急登を這い上がり分岐に出ると、ようやく急勾配から解放されまもなく青い波トタンの山頂神社に到着した。ここには四等三角点がある。四等というからには山頂からの眺望はまったくなく、木々の隙間からかろうじて空が確認できる程度である。

山頂をあとにし、さきほど通過した分岐まで戻る。分岐の少し先には立派な三本の大木がありここで一息入れながら、地形図を出して改めて地形を確認する。気になるのは、もうひとつの登山道である。この分岐はその登山道との交差点であるが見るからに入り口は草が繁り、どうやら廃道に近いようだ。とは言え少しの距離でもあるし、万が一、この道を見失っても何とかなるだろうと考え下山はこの廃道を探検することにした。

道は藪に埋没しかけているものの、かろうじて踏み跡を拾うことができたが、そのうち倒木がいくつか出てきた。こうなると何とか辿ってこれた道は倒木の前後で著しく不明瞭となるので、視線を低くして道らしきもの根気強く探す。そんな動作を繰り返しながら進むと、分岐のような空間に出てそこには「至神宮寺岳0・6㎞」と書かれたさほど古くもない標識が据えられていて、倒木によってほとんど用をなさない登山道の方向を虚しく指し示してあった。

のち、道は沢らしき地形に合流し林道へと至る。林道のわきにはさきほどの分岐にあった類の標識があり、そこにはやはり「至神宮寺岳」と記されてあったが、その看板通りに入山しようとしてもどこにも明瞭な道もないのでおそらく、ほとんどの人は踏み入ることもないだろう。せいぜい、ちょっとしたルートファインディングの練習には手頃かもしれない。のんびりとした里山歩きのつもりが、この廃道のおかげでスパイスの効いた山行を楽しむことができて満足である。

しかしながら本日のメインは姫神山こと大平山である。地形図を見れば、麓に薬師神社があり、登山道もいくつかあるようだ。山頂には三吉さんはともかくとして、テレビ塔が林立しているのが麓から見上げても明確で、やや興ざめな感じもなくはない。

クルマで薬師神社付近まで入ると、さらにその先へとクルマが入っていけたので道任せに進むと駐車スペースにたどり着いた。蛭川登山口である。大平山のメインの登山口のようである。駐車場からは山頂がよく見え、てっきりこのままダイレクトに目の前の稜線を直登するのかと期待したが、登山道は駐車場そばの広場を突っ切っていったん山裾を巻く緩やかな下りから始まった。やがて分岐に出ると案内板があり「山頂まで30分、姫神公園まで30分」と記されている。

ここから長い階段の結構な登りとなった。相当な斜度ではあるが、階段の整備された登山道には初夏の日差しがこぼれ、途中途中で展望も楽しめる。同じ急登ではあっても、先に登った神宮寺岳の野性味あるストイックさはないので気分的に楽である。急な階段は再び巻道に差し掛かり、北側に展望が開けた。巻道の眼下には急な山腹に朴の木がその葉っぱ同様に大きく、どこか原始的な風貌の花を咲かせてある。さらに彼方には仙北平野が伸びやかだ。

階段が現れ急登が再開すると、山頂直下の最後の登りだ。さすがに南中した太陽は初夏らしく強く照り始め汗が吹き出る。この山はテレビ塔などの人工物があるものの、標高にしてさきほどの神宮寺岳よりも100メートル高いだけあり、意外にも山歩きの満足感があるな、と評価しかけたところで電柱が現れたので拍子抜けした。山頂間際に登場したその小さな電柱は、多くの人がその存在にがっかりするのを見越したかのように、どこか申し訳なさそうに登山道からやや下がった場所に立っていて、その遠慮がちな佇まいがいじらしく見える電柱である。

電柱に出迎えられてまもなく、白い大きな人工物が先ほどの電柱からすれば遠慮のかけらもなく堂々と目の前に見えてきた。テレビ塔である。その存在感に、あやうく手前の三吉さんのお社を見落とすところであった。神宮寺の大平山の狭い山頂は、三吉さん、民放三社のテレビ塔、そしてNHKのテレビ塔があり登山者はなんだか肩身が狭い。テレビ塔の脇をぬけ、三角点のある西側へまわる。テレビ塔にほぼ占拠されている大平山ではあるが、思いの外見晴らしがよく、ここ大平山を含む西山山地の山々の向こうに白く鳥海山が優雅に裾野を広げる姿が見事である。山頂付近の登山道からは秋田駒ケ岳、岩手山、和賀岳、真昼岳と名峰群がよく見える。本日は天気が幸いし、男鹿半島と日本海までもが眺望できた。

山に無機質で巨大な人工物があっても、それがこの山の景色なのだとひとくくりにしてしまえば、さほど残念な景観でもないのだなと考えなおした。あるがままの野生を求める山行があれば、たおやかな自然をほどほどに楽しみたい山行もある。そして里山歩きはおそらく、人と山との関わりを知ることでその山ならではの味わいが広がる山行である。大平山で言えば、かつては里の一番高く見晴らしのいい山に三吉さんが祀られたものだが、近年では三吉さんを祀る条件が三角点や電波塔など通信施設を設置するのに都合のいい条件となっている、といった具合に。

テレビ塔の建物の脇に腰掛けて、鳥海山を眺めながら遅いランチとする。登山道の途中で採ってきたタケノコを茹でて、茹で汁ごとカップラーメンに入れる。採れたてならではの瑞々しい歯ごたえと、甘みが口のなかに弾けた。

◎神宮寺・大平山度チェック項目

☑太平山もしくは大平山という名前であること
☑三吉さんが祀られていること
☑何らかの電波がらみの施設があること

☑急登であること
☑その地域で一番見晴らしがいいこと
☑三角点があること

（二〇一〇年五月）

3座目、二ツ井の太平山（標高227・7メートル）

ここにも太平山があるのかとおなじみの山名を、七座山の地形を見るために広げた地形図の、米代川が急なカーブを描いて蛇行する川岸に見つけた。「太」の字のほうの太平山で標高２２７メートル。その西にはきみまち坂公園、南には米代川を挟んで七座山《ななくらやま》がある。地形図ではその山頂付近に神社マーク、そして最高地点には三角点マークが記されてあった。里山太平山に付き物のテレビの電波塔マークはない様子。登山道を示す点線は、国道7号線に向かって伸びる、ゆるかな尾根上に付けられておりそれは山頂の神社マークに至る。道はその先の三角点マークまでは届いていないが、それを管理するための踏み跡ぐらいはあるだろう。

県内の、こうした地味な太平山すべてを登るのも面白いかなとい

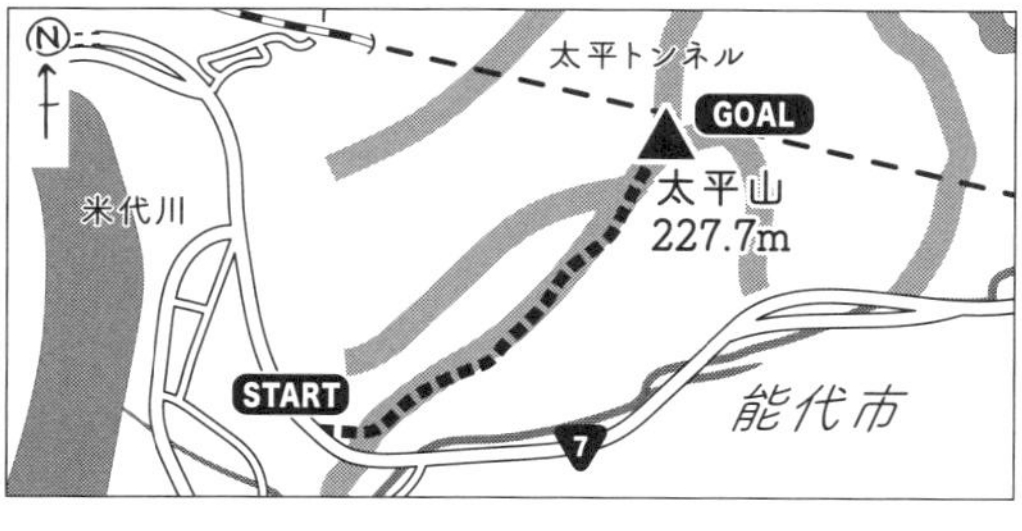

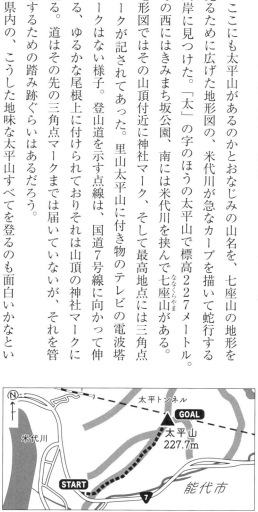

う着想を得て、十二月上旬、秋田市で用事を済ましたついでに能代市へと北上した。

どんよりとした初冬の空のもと、二ツ井町の道の駅を過ぎたあたりに太平山への山道がある。その山頂から伸びる稜線の先端は、国道7号線によってまるでとかげの尻尾のように分断されてあった。稜線を分断した断面の側面から、コンクリート製の急な階段を登って登山道へあがると、わずかな標高差とはいえそれなりに視界が広がり、国道をはさんだ向こうに、道路で分断された稜線の末端部分とそのまた向こうには七座山が屏風のように展望できた。

取り付きが、立派なコンクリートの登りではじまったのでてっきり、この調子で無機質な道が続くのかと期待もせずに稜線にあがってみれば、落ち葉の上にさらりと雪が付いた山道が、枯木立に挟まれて伸びるのどかな風情が待っていた。

歩き始めようとしてふと足元に、四角い石柱が据えられているのに目が止まった。見たところは三角点に埋められるあの石柱そのものであるが、たしか地形図では三角点があるのは山頂のはずである。興味が湧いて覗き込むと、側面には「大三角」と彫られてあり、まるで三角点の親分のような主張をしているではないか。だが、三角点に親分がいる話など聞いたこともなく、そういえば三角点が設置される以前では、大三角点測量なるものがあったと聞いていたがたしかその石柱は台形だったはず。そして何より怪しいのは、まがりなりにも三角点を名乗るものが、こんな中途半端な地点で何の用を成すつもりなのだろうか。得体の知れない石柱を手掛かりを求めてしばらく観察してみたが、大三角の文字以外は何も得ることはできずもやもやしたまま、本来の目的である太平山登山に気持ちを戻す。

山道は徐々に斜度を増し、たかだか150メートルほど標高が上がるだけでも積雪量も増え、道はすっかり真っ白になった。外気温は1℃しかないものの、こうやって動いていると山歩きは季節を問わず暑い。山頂直下に差し掛かると、緑色のフェンスと錆だらけの看板が見えてきて、奥には反射板のようなものがあった。山中で遭遇する大きな人工物にはこれまで残念な気分しか湧かなかったものだが、太平山めぐりを始めてみればこうした電波などを飛ばすための設備の存在は、太平山という里山の傾向のひとつである。むしろ、地形図では情報のなかったこの類の人工物の出迎えが、いかにも太平山らしく思え、知らず頬が緩む。

ほとんど錆ついていて、まるでファンタジー漫画にでも出てくる古文書のようにセピア色に変色した看板には、日本電信電話公社と書かれていて「この反射板は秋田～鷹巣～鹿角を結ぶ市街電話回線のための重要な設備です」と説明が続く。電話回線は11GHzマイクロ波の無線電波を使っており、鶴（?）～二ツ井間は見通しがきかないので、反射板で電波を折り曲げることにより通信ができるようになっている、とのことだ。日本電信電話公社というのは今のNTTの前身である。反射板はきれいであるが、案内板にかかげた社名の時代で時間は止まっているようだ。

反射板を過ぎると、最後の登りは結構な急登となり、雪に埋もれた丸太の階段となった。一歩体を上げるごとに、ずんぐりとした太い造りの鳥居が徐々に見えてくるのに励まされながら登っていく。わたしが勝手にチェックしている、太平山のチェックポイントのもうひとつは「急登」である。登り初めこそ緩やかだったので、急登の項目にチェックは入らないかと半分ほっとし半分物足りなさを感じたが、最後の最後で急登の項目にレ点をつけることができた。

登り切ると丈夫そうなコンクリート製の鳥居とその奥に、これまた丈夫そうな造りのお社があった。お社には太平山三吉神社と書かれた扁額が掲げられていて、お社の中を覗くと1メートルほどの大きなわらじが奉納されてある。大わらじの奉納の謂れを知りたかったがそれらしき案内は見当たらなかった。里山ゆえの不案内な部分は、あれこれと想像をかきたてるための余白である。

大わらじについてざっとネット検索したところ、各地にこうした風習が残っていてその由来には諸説あるようで、よくあるのは厄除け魔除け目的で、「この村にはこんな大きなわらじを履く大男がいるぞ！」と威嚇するものであった。例えは急に俗っぽくなるが、それはちょうど一人暮らしの女性がわざと男物の衣類をベランダに目立つように干して、この部屋には男がいるぞ！とカムフラージュし、やっかいな侵入者を防ぐ狙いがあるのに似ている。他の由来には、村で祀っている仁王様に合うわらじを作り奉納していたものが、だんだんサイズばかりがわらじなだけに一人歩きし、いつしか巨大化していったというものである。いずれ縁があれば、この三吉さんに備えられた大わらじの理由にもたどり着くだろう。

三吉さんにお参りし、大わらじを拝んで次は三角点の確認だ。雪に埋もれて様子は定かではないが、地形図通り山道は神社までのようでこの先は、雑木林と笹薮となっていた。初冬の林は見晴らしもいいので踏み入って稜線のピークを目指すとまもなく、ぽっかりと丸く空間がひらけてその中央に、四角い石柱の三角点がぽつんと雪から頭を出して現れた。これで、太平山度チェック表の「三角点」の項目にもレ点が付く。言うまでもなく太平山度というのはわたしの勝手な検査項目であり、見方を変えればただの自己満足の採点表であるのだが。

二ツ井の太平山は、三角点への薮漕ぎを含めても往復で1時間程度の山歩きである。

◎二ツ井・太平山度チェック項目

☑太平山もしくは大平山という名前であること
☑三吉さんが祀られていること
☑何らかの電波がらみの施設があること
☑急登であること
□その地域で一番見晴らしがいいこと
☑三角点があること

（二〇一三年十二月）

4座目、刈和野の大平山（標高273メートル）

秋田自動車道を西仙北付近にさしかかると、刈和野の大平山が見えてくる。標高273メートル。そのまわりにも同じような標高の山が並ぶので、すぐにはあれか、という具合には見定めにくいのだが手前に艦首のようにせり出した展望地があるので、一度登って見れば次からは容易に目に入ってくる里山だ。

タイヘイザンのタイは「大」の文字のほうの大平山として国土地理院の地形図には記されているが、地元では黒森山の名前のほうが知られた名前なのか、麓にある散策マップの案内板には黒森山（大平山）と、大平山の名称はかっこ書きで添えられている。散策マップによればその手前にある五十メートルほど低いピークが前黒森山で、ちょうど艦首のように見える展望地がそれである。

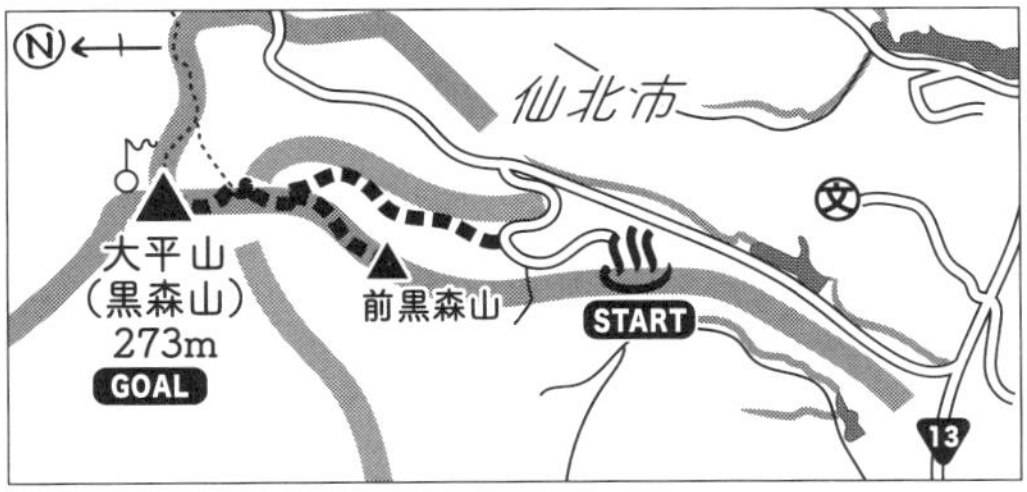

出かける前に地形図を確認してみると、この刈和野大平山の山頂には神社マーク、三角点マーク、電波施設マークの3つがひと塊りになって記されていた。

六月、大きな山域に入るには天気がいまひとつな週末に、その刈和野の大平山へやってきた。登山口にある温泉施設に、下山後に食事と入浴に利用するのでということで、広い駐車場にクルマを停めさせてもらい出発する。初夏の曇り空にはホトトギスの澄んだ声が響いていて、しかしまだ練習中なのかときどき噛みながらの「特許許可局」であった。

アスファルトの車道から、未舗装の林道に入り緩やかに登りがはじまる。道端には、キブシが早くも花の時期を終え、小さなぶどうのフサのような緑色の実をつけている。少し歩けば今度は、昨夜の雨の重みのせいか林道にばったりと横たわる植物があり、何の植物だろうと起こして見ればそれはオオナルコユリで、これまではすぼまった白い蕾しか見たことのなかったが、この日はほんのりと黄緑色に縁取られた花びらがきれいに開いていて、まるで陶器の装飾品のように美しいことに驚いた。と、このようにあっちこっちに気持ちが立ち止まるので、いつもながら山行はなかなか先へ進まない。

案内板によれば、コースは途中で前黒森山を経由して黒森山こと大平山へ登るコースと、直接大平山へ登るコースがある。今回は直接大平山へ登り、下山で前黒森山方面へ向かう周回コースを取ることにした。しばらく前黒森山の山腹を巻いて広い道を歩き、分岐に出るとそこが前黒森と大平山の鞍部である。ようやく急登が現れたので、覚悟してその丸太の階段を見上げれば、さほど登った実感もないというのにもうすぐそこに山頂の東屋の赤い屋根が覗いていた。

拍子抜けした気分ながらも、300メートルにも満たない山歩きはこんなものかと納得しながら登りきれば、意外にも展望が大きく開けていて田園の合間に刈和野の町が見渡せる。そして麓の景色の奥に横たわる山塊は、大仙市の西山山地。姫神山こと、神宮寺の大平山を含む山塊である。

山頂はもう少し先ではあるが、せっかくの展望なので東屋でザックを降ろし、コーヒーブレイクとする。ここ刈和野の大平山から、前に登った神宮寺の大平山を眺めながらのんびりとコーヒーを味わう。電車の音が聞こえてきたので目を向けると、白に紅のラインの車両。秋田新幹線こまち号が大曲駅へと刈和野の田園を走り抜けていくところであった。長閑な景色と、そこをすり抜けていくこまち号の流線的で優美な姿とスピードは、どこかちぐはぐながらもまるで近未来の乗り物がタイムスリップして紛れ込んだような独特な景色となる。

この東屋から山頂まではほぼ平坦な広場を横切るように歩く。エゴノキの花が白く咲きそろっていて、終わりかけながらも華やかである。こうしてここまでとても整備されたハイキングコースをぶらぶらと歩いてきたのだが、山頂神社手前でぷっつりとその手入れは終わっていて、林の中の三吉さんに到着するころには足元には伸びた雑草が目立ち、またお社も長らく手入れがなされていないのか、壁には隙間が目立ち、屋根は雪の重みで軒先が歪んでいてだいぶ傷みが進んでいる。もう参詣する人がいないのか、それともすでに別に御神体が移されているのか知らない。しかし、まだ三吉神社の額も掲げられてあるのでご挨拶までにと、手を合わせた。

三角点は三吉神社のすぐ前に、そして電波塔はここまでの道中で全く見えなかったが、林の奥へ続く細い山道をたどった先にちゃんと聳えていた。

下山の途中に足を伸ばした前黒森山は山というよりは、丘の上の公園のように小ぎれいに刈り払われ整備の行き届いた展望地だ。大きく開けたその場所は、さながら大海原にせり出した豪華客船の舳先のような開放感がある。暗い林の中に佇む三吉神社との差がやや心にひっかかる太平山であった。

◎刈和野・太平山度チェック項目

☑太平山もしくは大平山という名前であること
☑三吉さんが祀られていること
☑何らかの電波がらみの施設があること
□急登であること
☑その地域で一番見晴らしがいいこと
☑三角点があること

（二〇一四年六月）

5座目、角館の太平山（標高266・9メートル）

角館の北西、国道46号線わきに太平山がある。標高266・9メートル。「太」の文字のほうの太平山である。地形図を見れば山頂にお社マークはないが三角点があり、その手前のピークに電波施設のマーク。登山道はその施設までの記載となっていて、山頂の三角点まで点線の記載はないのだが経験上、三角点があればそれを管理するための踏み跡があるはず。森林限界には程遠い樹林帯まっただなかの里山なのであわよくば、ちょっとしたルートファインディング練習をしながら、冒険心を満足させつつ太平山探検ができるかもしれない。

山頂までの標高差は100メートルそこそこであるが、あなどれないかもしれないと期待しながら八月、キンキンに冷やしたノンアルコールビールを厳重に保冷したのをザックに詰め、角館にやってきた。国道46号線沿いのコンビニストアからその姿を探すと、二コブのピークを持つよく目立つ里山がありそれが本日、藪漕ぎするかもしれない太平山である。

国道の高架下をくぐって、中村集落方面へ。さらに未舗装の林道に入ると立派な比較的新しい、太平神社と書かれた鳥居があった。地形図にはお社マークはなかったが、どうやら山頂に神社がある可能性はここでぐっと高まった。林道はその鳥居脇をさらに山の方向へと伸びているが、せっかくなら鳥居をくぐって登るのが太平山らしくてよろしい。それが神域へ入る礼儀だろうという生真面目な思いからクルマをおりてみたが、なんと鳥居の先に参道はなくただ草が深く生い茂っているだけである。この参道の様子では神域への礼儀どころか相当な修行になりそうである。藪漕ぎは嫌いではないが、真夏のじっとりと

した湿度の里山を、虫に刺されながら突き進むのは今回の太平山登山の趣旨ではない。

理屈をつけて再びクルマに乗り、楽な方へとハンドルを切った。むかしはあの鳥居からもっと手入れされた参道があったのだろう。鳥居のその先が薮に飲まれているのでは、果たして山頂に三吉さんがあるのかどうか、やや心配である。

300メートルほど進むと地形図にある山道が見つかった。道はテレビ塔のおかげか、あるいは山頂にあるかもしれない神社への信仰のおかげかわからないが、広くきれいに刈り払われてある。歩き始めてまもなく、石造りの苔むした小さな祠があり特に由緒の案内はなかったが、ご挨拶がてらに手を合わせる。

国道や里に近い里山も、入ってみれば期待以上の森の奥行きがあり、日常にはない空気を感じることができる。気負いもなく、過剰な緊張感もなくぶらりと入ることができる山がひとつでも身近にあるのは、ちょうど行きつけのカフェか居酒屋があるようで、何だか心豊かな気持ちになる。ここの太平山もそんな山である。

この季節では登山道脇にめぼしい花は見当たらないのだが、注意して足元を見ながら歩けば様々な姿の大小のキノコがぽつりぽつりと見つかった。昨日までの雨に、満を持して顔を出したらしく、みな出たばかりで新鮮である。新鮮であるが、食べてもさほど美味しくもないキノコばかりである。

二コブピークのうちの一コブ目、テレビ塔がある前衛峰にさしかかるあたりで、登山道には岩が出てきてやや勾配を増す。そろそろテレビ塔が見えてくるかと思ったが、道はそのピークを巻いて奥の最高峰のある方向へ伸びていたので、かの人造物は樹木に遮られて見えなかった。ほどほどに自然を満喫するつもりで入山しても、突如現れる巨大な人造物にがっかりさせられることなく、ここの太平山は歩くことができるようだ。

麓からながめた二コブ目である最高峰266・9メートル山頂は、こぎれいに手入れされたこぢんまりとした空間で、お社とその真ん前には三角点の石柱があった。お社には扁額は掲げられておらず、後から調べると甕速日ノ命（みかはやひのみこと）、息長足姫命（おきながたらしひめのみこと）……と七柱の神様が祀られているらしい。どうやら角館の太平山には三吉さんは祀られていないようである。お社にお参りして振り返れば東側に展望が開けていて、鮮やかな黄緑色の田園風景に黒い森が点在する麓の景色が、むっとする雨後の曇り空の下に広がっていた。

三十分ほどの緩い山行とはいえ、真夏の里山は暑いばかりだ。吹き出る汗をぐいぐいと拭いながらザックを降ろし、こざっぱりと刈り払われた展望の良い一等地に腰をおろす。心はすでにキンと冷えたノンアルコールビールにある。幾重にも新聞紙を巻きさらに保冷バックに格納され、厳重な温度管理のもと担ぎ上げた一缶は細かな水滴をまとって、八月の何もかもが溶け合いそうにうだる大気のなかで、唯一神々しいまでに冷えている。

登山靴を履いた足を投げ出しその先に、神社の神々に見守られた田園の里を眺めながら缶を傾けた。奇跡のようにすっきりと冷えたノンアルコールビールが、しゅわーっと喉を冷やし体中に染み渡る。その冷たさによって額の汗、背中の生暖かい湿り気、そんな逃れようのない夏の暑さが一気に爽快に転じる。

大きく満足の息を吐き、最高だなと単純な言葉を心でつぶやきながら、投げ出した登山靴の先を眺めていると、そのつま先の上を秋田内陸縦貫鉄道の一両編成の車両が、緑の景色に埋もれそうになりながらトコトコと横切っていった。

◎角館・太平山度チェック項目

☑太平山もしくは太平山という名前であること
□三吉さんが祀られていること
☑何らかの電波がらみの施設があること
□急登であること
☑その地域で一番見晴らしがいいこと
☑三角点があること

（二〇一四年八月）

6座目、西馬音内の太平山（標高473・8メートル）

秋田県の県南、盆踊りと蕎麦で有名な西馬音内の奥、七曲峠と記された車道の先に太平山の文字をみつけた。標高４７３・８メートルで、これまで登った県内の里山太平山のなかでは最も高い。その山頂には三角点マークがある。電波施設のマーク、そして神社マークは記されていないものの実際の有無についてはこれまでの経験上、行って見なければわからないなと、さっそく、山後の蕎麦の情報も携えてやってきた。途中、七曲峠に入る前に西馬音内から遠望すれば、他に拮抗する標高の山もないのであれが太平山だなと見当がつけやすい。なだらかながらも山裾を広げ里を見下ろす、堂々たる山容である。

くねくねとした七曲峠を、ときおり展望を楽しみながら上り詰め、スノーシェッドを抜けると太平山を示す大きく立派な看板が道路脇に現れ、入口となる林道を示していた。その看板には太平山の文字のあとに続いて煙岡神社と書かれてある。初めて聞く神社である。

林道は細いながらも舗装されていて、ぐんぐんと標高を上げていき、やがて大きな鳥居にたどり着いて終点となった。この鳥居の先が煙岡神社のようであるが、看板が示すようにここが太平山だろうかと、地形図を広げる。煙岡神社については地形図に記載はない。ここまでの道と高度を照らし合わせて確認作業をしてみ

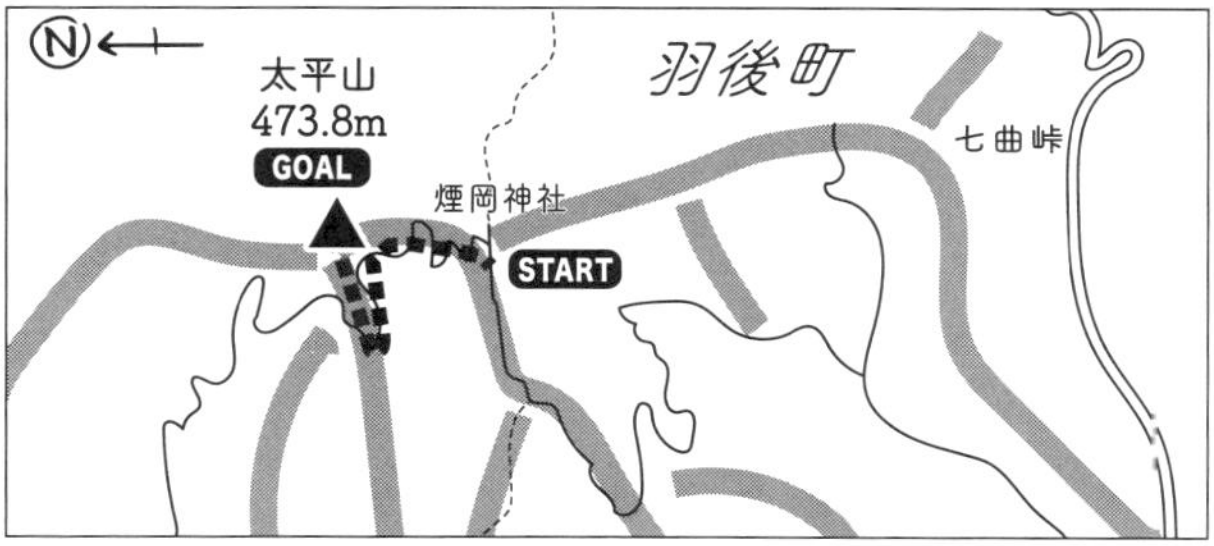

たところ、どうやら太平山のピークはさらに先である。鳥居の手前で林道が分岐していてそちらが太平山ピークに至る道のようだが、あいにく工事中のようで車両通行止めとなっていた。今現在は通行止めであるものの、ここの太平山は山頂までクルマで登れるので、山行記録として記載していいものかどうか躊躇われる太平山である。

せっかくなので鳥居をくぐり、煙岡神社へご挨拶がてら詣でることにした。広い参道は、クルマごと鳥居をくぐれるようでタイヤの轍ができている。お社と境内が一段高い場所にあり、その下を巻いてクルマが通れる幅の広い道があった。道なりに行くとさすが標高が高いだけあり、視界が思いがけず大きく開けている。足元に西馬音内の町並みと田園風景、さらに横手市街、湯沢方面まで見渡せる。平野を取り囲んで白岩岳、真昼岳、女神山と山並みが続き、県南の主要な山がほぼ整列して景色を縁取る。圧巻の眺めである。奥岳を除く県内の太平山のなかでは、ダントツに展望がゴージャスである。

この展望地にはもう一つ歩道が伸びていて、この近くにある見晴らし荘から続く遊歩道のようである。標高差にして130メートルのハイキングができるので、知っていればこの道から登れば、少しは山歩き記録の面目が保てたかもしれない。

県南の景色を真正面に見下ろす方向を向いて、煙岡神社は石造りの階段を数段上がった鳥居の奥にあった。頻繁に参拝者があるようで、建物は手入れされていて大きく堂々としており、その傍らには由緒を記した看板もある。初めて聞くその名称に、看板を読むともともとはこの山一帯が煙岡（けむりがおか）と呼ばれていて、その由来は古代ここで狼煙を上げて通信がなされていたことにあるらしい。正直なところ、これまでの太平山めぐりのなかで全く馴染みのない神社があることに違和感があったのだが、ここが昔の原始的な通信施設を後世に伝えるものと知ると、太平山ハンターとしては合点がいく気持ちがする。電波施設のマークが見当たらない太平山であるが、時代を遡ればこの山自体が狼煙による通信手段に関係していたのである。

神社脇を太平山山頂へ伸びる林道分岐まで戻る。通行止めのポールの奥には重機が見える。クルマは通れないが人なら大丈夫だろうと、ザックを背負って工事中の林道に入っていく。十五分ほど歩くと林道に尾根が交差し、古い道がその尾根上にあった。地形図ではこの尾根の先が目指す太平山山頂である。上がってみればこの廃れかけた道は道幅もそこそこあり、軽トラぐらいなら余裕で通ることができそうであるが、長らく使われていないらしく雑草が生い茂っている。背丈の低い杉の木に挟まれたその道を三分ほど歩いたところに、小さく空間が開けて、狙い通りの三角点にたどり着いた。思わずガッツポーズが出る瞬間だ。

道は三角点の先にも雑草に埋もれながら伸びている。この先は三角点以上に訪れる人も極端に少ないかあるいは皆無らしく、その真ん中にタマゴタケがのびのびと派手な赤い傘を我が物顔で広げている。それでも道があったということは……、と期待に後押しされて雑草をかきわけて進むと、長年風雪にさらされてきたのであろう古い鳥居が、傾きかけながらもしゃんとして建っているのが見つかった。そしてその奥には小さな神社が鳥居同様にくたびれた様子で雑草のなかに建っていた。三吉神社である。煙岡神社の華やかさと爽快な展望とは雲泥の差と言っていいほどに、三吉神社はさびれていて見晴らしのほうも周囲を林に囲まれていてまったく望めないのだが、それでも西馬音内から見える最高地点に三吉神社がある。ここまでの道を外れて雑草をかき分けて鳥居をくぐり、神社の前に進み出た。

ひょっとしたら数年ぶりの参拝者かもしれないと考えながら、いつも通りご挨拶に代えて柏手を打つ。工事の重機以外の音を三吉さんが聞くのは久しぶりかもしれないなと、なるべくいい音がでるようにと手のひらを合わせた。

◎西馬音内・太平山度チェック項目

☑太平山もしくは太平山という名前であること
☑三吉さんが祀られていること
☑何らかの電波がらみの施設があること
□急登であること
□その地域で一番見晴らしがいいこと
☑三角点があること

（二〇一四年八月）

7座目、真昼の大平山（標高447・1メートル）

真昼岳は自宅から近いこともあり、しょっちゅう出かける山である。日本海からの季節風がまともにぶつかるため標高こそ1000メートルをわずかに超えた程度であるが森林限界が低く、高い山に登ったような満足感がある。その赤倉登山口手前にも大平山がある。「大」の字のほうの大平山である。地形図をみれば三角点があり、標高は447メートルで、ひと月ほど前に登った西馬音内の太平山に次いで高い大平山である。

しかし三角点はあるが、登山道を示す点線は見当たらない。これまでの太（大）平山も地形図に記されていないだけで、現地に行けばそれなりに道が見つかったのだが、おそらくこの大平山だけは本当に道がないだろうということは、真昼岳登山の際に何度となく通り過ぎた場所なので確実である。そして神社マークもないのだが、これについては、登ってみなければその有無はわからない。もし信仰のあとが何かあれば、かつての参道が藪の中に拾えるかもしれない。

その道を先人はどこに付けるだろうか。昔の人の気持ちになっ

て、地形図にそのルートを推理する。素直に考えれば、真昼岳の登山口、赤倉登山口の先へ続く林道が大平山の鞍部付近まで伸びているので、案外この林道がかつての参道の名残かもしれないとも推理できる。そうであれば、林道終点から古い踏み跡を検出できるかもしれない。仮に踏み跡がないとしても、その林道から大平山山頂はすぐである。多少の藪漕ぎをすれば登れるだろう。いや、登るのだ。

こういう地味だが謎めいた山行に同調してくれるのは、タナカさんである。タナカさんはこの林道から鞍部を経由するルートの他に別案として、沢屋らしく沢を使うルートを用意してやってきた。仮にこの鞍部経由ルート、沢ルートのどちらも使えなかったとしても、山頂に三角点があるからには定期的な測量が入るので、その作業用の踏み跡を使えるだろう。

こうして厳重にルート検討を重ねているものの、山頂までの標高差はたった200メートルほどである。整備された登山道を歩くのなら、なんの悩みも発生しない標高差である。それが、ただ一筋の道が見当たらないだけでそれなりに立派な探検になるのだ。

今回の最有力候補のルートは、真昼岳赤倉口登山口までクルマで乗り入れ、さらにその先へ進む予定であったが、いざ着いてみるとその目論見は早々に霧散した。頼みのその林道は土石流に跡形もなく飲み込まれていて、ほぼ壊滅状態であった。流れ込んだ土石には雑草が繁茂し、さらに流れ着いたおびただしい流木が土砂に洗われて白骨のように白く累々と折り重なっている。だが、侵入できないのはクルマの話で、人の足なら乗り越えて行けるだろうとクルマを降り、流木を乗り越えてその先へ踏み入ることにした。

流木の山の先は、背丈ほどの雑草に覆われる林道となった。しかも結構な急登である。それでも羽後朝日などのような灌木相手の藪漕ぎに比べたら容易だろうと、茂る草をかき分けて行くと時おりモミジイチゴが混じってきて、ちくちくと腕や脚に棘が刺さり痛いったらない。途中、比較的新しい作業道がどこからか交差してきたが、目指す大平山山頂方面には関与はなさそうである。残念ながらこのまま廃道の藪漕ぎを続けるほかない。

雑草がなくなり視界が開けた。おびただしい量の倒木が藪を押しつぶしてできた広場である。振り返れば、それなりに標高が上がっているので、林の向こうに仙北平野の黄色く色づいた田園の広がりが展望できる。倒木ゾーンの先は再び背丈を越える草藪である。そしてここまで草藪の中をかきわけ辿った廃道は、倒木を境にとうとう検出できなくなった。

しばらくうろうろと草藪と格闘してみたが、モミジイチゴのトゲトゲ攻撃はいよいよ攻勢を強めてきて、こちらの戦意を喪失させるには十分すぎる執拗さを発揮して行く手を塞ぐ。さすがにこれ以上突き進む意欲も失せ、モミジイチゴを言い訳にこのルートは諦めることでタナカさんと意見が一致した。沢屋のタナカさんとしてはむしろ、沢ルートを試したい気持ちが大きかったことも、この撤退を促したのかもしれない。

十一時、仕切り直して沢に入る。沢ルートの概要はこうだ。

赤倉登山口から林道を少し戻りその道端から沢を詰め上がる。その詰め上がった先には、さきほど廃道から目指していた鞍部がある。この鞍部にさえ上がってしまえばあとは薮漕ぎとはいえ勾配は緩やかで、残すわずかな距離をコンパス頼りに三角点をまっすぐに目指すだけである。

足回りを登山靴からスパイク長靴に履き替え、今度こそと意気揚々として入渓したのだが、さすがに小さな里山からわずかな標高を流れ落ちてくる沢は規模が小さく、木の枝や草薮がやたらと近く薮漕ぎしている状態と変わらない。どうにもこうにも早々に進退極まり、沢ルートについても諦めることになった。

結局、その沢のそばにあった急な尾根を直登することにした。山頂に最短で至る最もシンプルで悩みのないルートである。相当な急登であるが、樹間はほどよく開けていて、下草もさほど濃くはない。そのうえ、取り付いてみるとこの尾根筋には、作業で入ったらしいピンクテープがあったうえ、「本堂部落」と手書きのような書体で彫られた古い石柱が一定の間隔で据え付けられていた。

考えてみればさほど深くもない山である。山頂に向かうならこの単純で急な尾根が昔の人にとっても、作業する人にとっても合理的な選択なのである。我々のように、さながらゲーム感覚で変にルートをひねくりまわす手間など不要だったのだ。

とは言え、たやすく登れるかと言えば全くそうではない。地形図の等高線が示す通りにひたすら急勾配で、まばらな草薮や木の枝を掴んでは体を引き上げての登りが続く。そうやって無我夢中で草を掴んでぐいぐいと登っていると、耳慣れない音が前方から響いてきた。カラカラという乾いた音が休むことなく続いていて、その音を目で辿っていけばなんと行く手に大きなマムシが鎌首をもたげて威嚇しているではないか。

山歩きでマムシに出くわすのはさほど珍しいことではないが、こうして威嚇音を聞くのは初めてである。そしてこれまで出会ったマムシといえば一様に小ぶりで、カラカラと威嚇するどころか、人の気配があればさっさと逃げていく大人しい蛇という印象だった。

だが、さすがに体も大きく成長すると、マムシのほうも人間ぐらいなら互角で戦える自信を得るのだろう。目の前の大将はカラカラカラカラと不気味な音を発し続け、それを翻訳すればおそらく「これ以上オレに近づいたら飛びかかるぞ！」となるにちがいない。

マムシと闘ってまでこのルートに固執するつもりもないので、3メートル近くも間合いをとって薮のなかを迂回し始めたのだが、タナカさんといえば、威勢のいいマムシの大将をさも感心げにいつまでも眺めているので、わたしはしばらく薮に掴まって、ずり落ちないよう急斜面に踏ん張りながら待たされることになった。マムシのほうもさぞかし迷惑したことだろう。

マムシを過ぎると笹薮はいよいよ濃くなって、もはや視界のすべてが笹である。こうなると最大傾斜を拾い、ときどきコンパスを確認しながらがむしゃらに突き進むだけである。

そうやって二十分も笹薮の海を遡上しただろうか。傾斜が緩み、杉の木が数本見えてきてどうやら雰囲気としては山頂である。まずは三角点捜索だとさらに奥へと進んでいくと、薮のなかにそれはあった。三角点周辺は定期的な測量が入るのでたいていが刈り払われていることが多いのだが、あいにく今年はそのための人の手は入っていないようで、三角点の石柱は濃い藪の中にあった。

続いて三吉さん、あるいはせめて何か信仰の片鱗がないものかと三角点の周辺の藪に分け入って神様の捜索を試みたものの、半径数メートルの範囲にはとうとうそれらしきものを見つけることは叶わなかった。

信仰の印を見つけられなかった太平山はこれが初めてである。どうしてこの山に、太平山の名前だけが残されたのか。ひょっとしたら、太平山として神様を勧請する途中で何らかの事情で取りやめになったのか。ひょっとしたら国土地理院の地形図の記載がまちがっているのか。記載間違いであれば、この山を麓からながめた姿と照らし合わせると合点がいく気もする。というのも、アプローチ途中の車道からあれが太平山だろうと見当をつけた山があり、それは姿も整っていて里から目を引く姿であった。だが地形図を取り出し山座同定をしてみると、なんとその手前のあまり特徴のないこんもりとした山こそが太平山であった。その奥のきれいな三角形は、真昼岳のヤセツルから伸びる稜線上にある標高636メートルのピークだった。

仮に昔の人たちが、地域を見守る里山として神様を迎えるつもりの山であれば、あの頂では日々の信仰のためにはさすがに標高が高過ぎるのか。いずれも仮説でしかないのだが、あれこれ推測を巡らしながら紅葉にはまだ早い初秋の藪山でやっと一息いれる。

下山には、登ってきた薮ルートを辿った途中、作業用のかすかな踏み跡を見つけたのでそちらへルートをとることに。踏み跡は不明瞭であるが、ときおりピンクテープがぎりぎりのタイミングでルートを示す。われわれとしてはクルマを置いた林道に戻りたいのだが、どうやらこの作業道ルートは徐々にその方向から逸れていく様子だったので、途中からコンパスの針に従って再び道無き道を下り、登山口に戻ってきた。

解くあての見当たらない謎がこの大平山の収穫である。

◎真昼・太平山度チェック項目

☑太平山もしくは大平山という名前であること
□三吉さんが祀られていること
□何らかの電波がらみの施設があること
☑急登であること
□その地域で一番見晴らしがいいこと
☑三角点があること

(二〇一四年九月)

8座目、森吉の大平山（標高496・9メートル）

秋田県内の太平山についてはすべて登ったつもりでいたのだが、久々に変わり者のタナカさんから山行の提案メールがあり、なんと森吉にも大平山があるから時期を見て登らないかという。8座目の大平山は森吉山ダムのそば、小又川沿いにある標高496・9メートルの「大」の字のほうの大平山である。標高スペックは、里山太平山のなかではこれまで一番高いと思っていた西馬音内の太平山の473・8メートルをゆうに抜いてダントツだ。

国土地理院の地形図を慌ててインターネットで開くと、その名前は三角点マークとともに容易に見つかった。登山道を示す点線はなく、神社マークが麓から30メートルほど登ったところにある。情報を集めると、麓の集落は森吉山ダム建設の際によそへ移転しており、神社も住民とともに移っていったので神社マークはあるものの、おそらく神様はいらっしゃらないだろうとのこと。このかつて大平山の麓にあった集落は小滝という。十二月、木々が葉を落とし薮が雪に埋もれるのを待って、北秋田市へと出かけた。

県道309号線を小又川とともに東へと向かい、森吉四季美湖こと、森吉山ダムを抜け小又

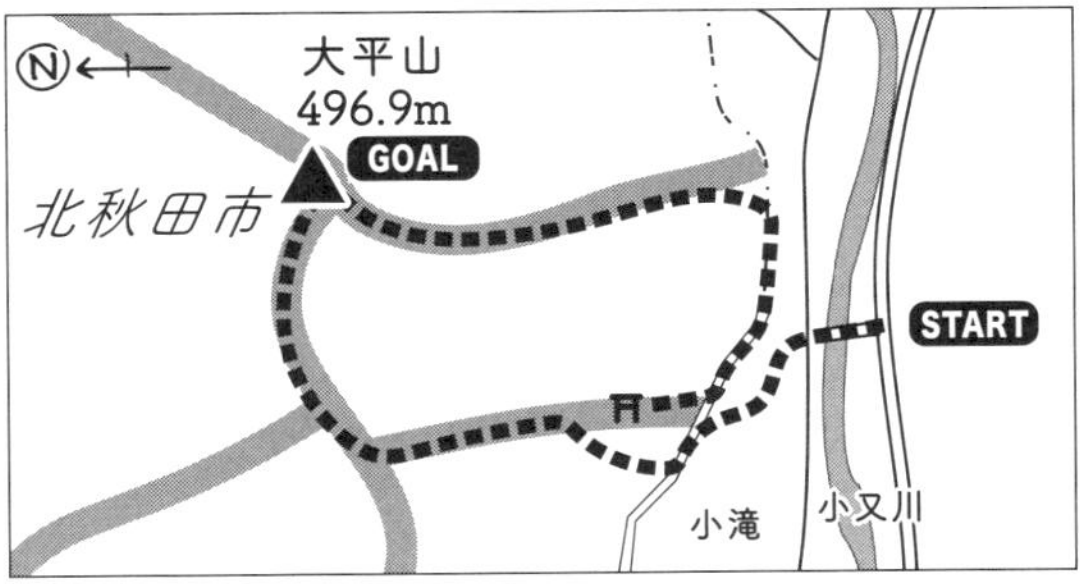

川第一発電所を過ぎれば県道の右手に東屋が見えてくる。そこが今回の大平山の麓、小滝への入り口である。小滝は小又川を渡った対岸にある。小又川を渡るための橋は二本かけられているが、今では渡る人もないようで積もった雪の上にカモシカのトレースが一本あるばかり。ちょうどこの橋の手前が除雪車の雪寄せに使われていて、クルマ二台ほどのスペースができていた。この天気なら除雪車は来ないだろうとそこにクルマを寄せる。

クルマを停めた県道を挟んだはす向かいには、東屋の脇に菅江真澄の足跡を伝える標柱と、これにならんで黒い御影石があって「奥森吉　固く支えて五〇〇年歴史を誇る小滝部落跡地」と白い文字で彫られてある。

二、三日前までは猛吹雪だったが今日は冬将軍の出陣はないようで、季節の割には冷え込みもない。曇り空のユルい天気は日焼けの悩みもなくほど良い山日和りである。

二本の橋の向こうにはちょうど大平山がほぼ正面にあったので、地形図と現物とを照らし合わせながらタナカさんとルートの打ち合わせをする。最短の直登ルートは橋を渡って右手に、山頂から落ちる尾根である。山頂までずっと急登が続く鬼ルートだ。わたしはその尾根ではなく一本西にある、神社マークがあるほうの尾根を登りに使うつもりだ。これなら取り付きから150メートルほど急登があるものの、稜線に出れば山頂までなだらかである。それに、神社があるならひょっとすればこれは里宮で、山頂の奥宮に通じる参道が残っているのではないかとの期待もあった。だがなによりも一番の理由は、少しでも楽して登りたいという、いかにも世俗の凡人らしい発想にある。

大平山を名乗るからにはきっと修行めいた山行こそふさわしい山なのだろうが、最初から最後まで急登の苦行ばかりの行程よりは、ツラいことはさっさと終わらせてあとはのんびりとした稜線を歩きたいと凡人は考えるのだった。あとから、修行の山である大平山のルートを、このように凡人目線で組み立てたことを若干、残念に思うことになるのだが、太平山ピークハントは久々だったのですっかり油断していたのだった。

ワカンをザックに括り付け、われわれはさっそく二本あるうちの右側の橋をカモシカのトレースを辿るようにして渡った。二本の橋の左側は町道で、かつて小滝の人々が往来した橋である。右の、カモシカやわれわれが渡っている橋は木材を運ぶトラックのために架けられた橋である。

橋をわたって雪面を、もとは何があったのか知らない広場を横切って、山裾に沿って作られたコンクリート製の水路に上がる。これは、この下流にある小又川第一発電所に水を引き込むための設備である。上がってみると幅2メートルほどの上部はコンクリートで蓋がされていて、雪に覆われさながら道のようになっていた。

水路から山のほうを見上げれば、濃い杉林があって神社マークのある尾根の取り付きだ。さっそく胸をつくような急登が立ち上がる。その斜面にひるんで、歩きやすそうな道、歩きやすそうな道と易きに流れ流され林のなかをうろうろ歩いたものの、結局どこも雪が張り付いた急斜面には変わりない。気がつけばわれわれは、ずり落ちそうな急斜面の山腹を薮につかまりながら登り始めていて、麓の神社の存在を確かめる機会を逸していた。足場の悪い雪の斜面に踏ん張り木の枝につかまりながら、神社マークのある杉林に目をこらすが、黒々とした林に遮られもはやここからでは何も確認できそうにない。諦めて体を上げていくことに専念する。

広がった山腹が引き締まって尾根が明瞭になってくると、うるさい薮も少なくなりだいぶ歩きやすい。途中、見下ろした木の枝に、葉をつけたまま枯れた枝が一まとまりにひっかかっているのがあって、どうやらそれは熊棚である。熊は木登りが得意と聞くが、わたしと大して変わらないか多いくらいの体重で、よくあんな細い枝の先まで上り詰めて食事をしようと思いつくものだなと、熊とそしてその体重に耐える木の枝の両者に感心してしばらく眺めた。

取り付きから一時間弱で急登は終わり、大平山の主稜線に出た。ここからはもうなだらかな稜線を東へとのんびり歩くだけである。低山とはいえ150メートルも標高があがると気温が下がるようで、木々にはきのうまでの雪がはりつき枝を白く装飾していて美しい。斜度が緩んだので一息いれながらその景色に見とれていると、ときおり湿り気の多い雪の塊が枝から落ちてきて首筋を驚かせたりする。

稜線に上がると急に雪は深くなった。ツボ足ではひざ下までもぐるようになり歩きにくい。ワカンの登場である。装着が面倒でついついこのままツボ足で押し切ってしまいたくなるのだが、いざ装着してざくざくと二、三歩進んでみれば、歩行を困難にしていた雪への沈み込みがわずかになる。めんどうでも立ち止まって作業した手間に、道具はちゃんと応えてくれるのだ。ミズナラの大木が倒れているのを迂回すれば山頂だ。山頂付近には杉が密集していたのが見えていたので、神社の境内かもしれないと期待しながら見上げていたのだが、着いてみればただの植林の杉林であった。

がっかりしながら山頂に至り顔をあげるとそこには電柱が一本、立っていた。難儀して生活圏から離脱してきたつもりの山頂で、まさか見慣れた電柱に出迎えられるとは。こうした違和感はある種の破壊力がある。ここまでの疲労も、急登への緊張も大平山の神社への期待もなにもかもがこの電柱によって一気に爆笑に転換された。

笑いながら電柱を見上げれば、それは送電設備ではないようで先端にはテレビのアンテナが備えられている。どうやらむかし、麓集落のためにテレビの電波を中継した設備のようだ。時代は地デジに切り替わり、何よりも麓の集落も移転してしまった今となっては、このテレビアンテナは、はからずもかつての人々の生活の証となってここに残されてしまった。役割的にはちょうど、麓に設置された小滝集落の御影石の石碑にも劣らぬ存在かもしれない。

平坦な山頂に信仰の形跡を求めてうろうろしてみたが、残念ながらここには神社や祠の形跡は見つけられなかった。三角点だけは、きっと雪の下に健在だろう。大平山チェックシートの電波施設、三角点には堂々とチェックが入る。

下山は来た道をピストンしてもつまらないので、この山頂への最短ルートとなる尾根を使う。

地形図をみれば最初から最後まで急斜面の尾根である。伸び放題の木の枝は、ときには頼もしい手がかりとなって急登のくだりを助け、またあるときはジャングルジムのようになって行く手を阻む。概ねの感想としては歩きにくい。だが、しばらく下っていくと旧道なのか営林署の巡視路なのか知らないが、うるさい枝を伐採した跡があり、雪の中でもなんとなく踏み跡の気配がでてきた。われわれのように娯楽で登るのとは違い、作業や信仰の理由で登る人々が選ぶのは、無駄を削ぎ落としたこうした最短ルートなのだ。尾根は傾斜がきついだけあって、視界を遮る木々はほとんどが眼下にある。立ち止まれば麓の県道が山あいを小又川とともに蛇行するのが展望できた。

痩せ尾根の傾斜が若干ゆるみ二股になった木を過ぎると、唐突に石が雪の中に現れた。回り込んでみれば素朴な自然のままの形をした石碑である。大きく3文字が彫られていて「大平山」と記されてある。

こんな中腹にあったのか。山頂では見当たらなかった信仰の証に、思わずほおが緩む。石碑を正面に見上げれば、梢の奥に大平山がきれいな三角形となって控えていた。ここから仰ぎ見るあの山こそが信仰の象徴、だから社殿はいらないということなのだろうか。こうした知識が乏しいので、これはあくまでその場でわたしが感じた率直な感想である。

石碑を過ぎると尾根は広がって曖昧となり、急な山腹は麓の杉林へと落ち込む。その急傾斜に、ごろごろと岩が出て来てこの周辺の山腹の一部を覆っていた。この尾根を登りのルートに選んだならば、そそり立つ急登を岩の間を縫って上り詰めた先で、あの大平山の石碑とその奥に控える大平山に出迎えられるのだ。そして一息ついて振り返れば、麓の山あいのわずかな土地が展望できる。……なんとかっこいいルートだろう。それは、易きに流されたあげく山頂で電柱に出迎えられたわれわれとは雲泥の展開である。こうした地元の生活に密着してきた山のルート選定においてぜひとも意識したいのは、修験者だったなら、あるいは生活者だったならどうルートをとるのかという客観性なのだなと反省した。

杉林に入ればもう今朝渡った橋も近い。だが山行を終了する前に、入山のとき確認しそびれた麓の神社マークのある場所を見ないことには落ち着かない。雪原をつっきって再び発電所の水路をたどって歩いていくと、かたわらの杉林に広めの幅で階段状にステップが切られた斜面がみつかった。水路のコンクリートを外れ、その雪に埋もれかけた階段を登る。

二、三十メートルをゆるくカーブしながら階段は、雪が降り積もった更地に行き着いて途絶えた。そこには杉に取り囲まれてぽっかりと空間が開けていて、おそらくここに神社と境内があったのだろう。更地には早くも、周辺の林を成している木々の幼木が入り込んでいて、雪面に不恰好な弱々しい姿で立ち上がっている。それらは、思いがけず開けたわずかなこの地面の、将来の主となるべくいち早く乗り込んできたのだろう。めいめいの未来めがけて我先にと、競うようにして細い枝をいくつも伸ばし始めているのだった。

五百年の歴史を終わらせた小滝部落の大平山に、これが無常というものなのだなと感じたついでに、個人的趣味でおなじみの太平山度チェックリストの項目にその「無常感」を加えたくなったのだが、それでは少しキザに思えたのでやめておく。

◎小滝（森吉）・太平山度チェック項目

☑太平山もしくは大平山という名前であること
□三吉さんが祀られていること
☑何らかの電波がらみの施設があること
☑急登であること
☑その地域で一番見晴らしがいいこと
☑三角点があること

（二〇一七年十二月）

追記　消えた9座目　太平山

昭和五十年発行の五万分の一地形図には、秋田市の旧雄和町に大平山の名称を見つけることができる。「大」の字のほうの大平山で、標高153・1メートル。三角点がある。昭和五十八年発行の二十万分の一地形図にも、その名前は記載されていたのだが、大平山の付近に秋田空港の滑走路ができていた。そして時代が進んで現代の地形図になると、もうその大平山の記載はない。大平山はどこへ消えたのだろう。古い地形図と現代の地形図をパソコンに取り込み、重ね合わせて捜索を試みたところ、大平山は秋田空港の滑走路の末端にすっぽりと収まっていた。この大平山は秋田空港の建設の際に、三角点ともども滑走路に消えてしまったようである。

珍しい名前の山に行く

丁岳　観音森コースの原生林

雄長子内岳

おちょうしないだけ。その山の名前の響きに登頂意欲をかきたてられ、秋田県南の稲川町へやってきた。黄色く色づいた田園風景に入ると、さっそく個性的なピラミダルな姿が目に入る。標高こそ497メートルと小粒ながらも、ばっさり削ぎ落とされたかのような南面の斜面と、東にまっしぐらに落ちる鋭利な尾根とが作る山の形は、あまりにインパクトがあり目が離せない。

雄長子内岳と雌長子内岳を結ぶ稜線上を見れば、そこに育成しているのはほとんどが痩せた土地にも対応する松の木ばかりで、この山域の地形の険しさが推測できた。この独特な風貌は、愛嬌のある語感の名前と相まって妖怪めいた不思議な存在感すらある。

国土地理院の地形図には、集落からまっすぐに見える尾根に登山道が記されていたが、これは廃道らしく入山口を見つけることができなかった。現在、雄長子内岳の登山口は、この尾根

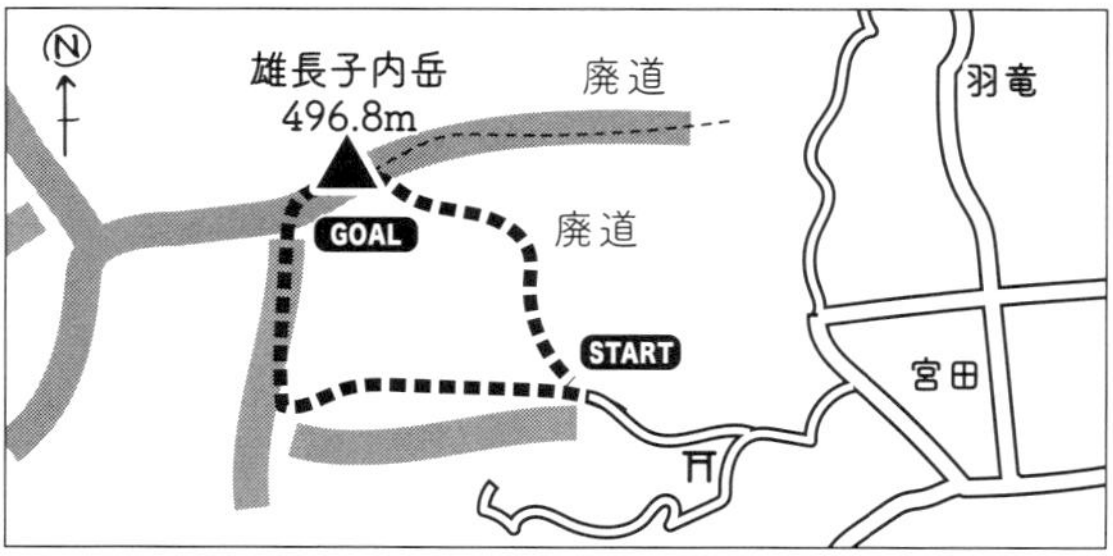

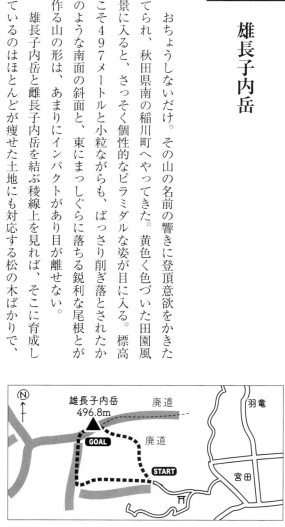

の南に車で回り込み、赤い鳥居と小さな神社の脇の小道を進んだその先である。特に登山道を示す標柱もなければ、あれが雄長子内岳であることを教える看板もない。いかにも地元の人だけに登られてきた里山ならではのそっけなさである。

うっそうとした杉林を過ぎ、やや急な登山道を朝露に膝を洗われながら登る。これは手強いぞと覚悟するも三十分も頑張れば、大きなブナの木が現れまもなく稜線にあがる。平坦な稜線には、2、3センチほどのピンク色の花が咲きそろっていて、近づいて見てみるとママコナだ。秋田県では絶滅危惧種に指定されている。

見た目は、映画のエイリアンが、カッと口を開けて敵を威嚇する様子にとても似ている。このエイリアンの口の中には米粒を二つ並べたような白い丸い膨らみがあり、それがこの花の名前の由来のひとつでもあるらしい。

ママコナの平坦な尾根を過ぎると、登山道は急勾配を極める。赤松とわずかな低木以外は寄せ付けない急な山道を、ときおり赤松の根に掴まり這い上がる。右手を見ればこの山は低山ながらも見晴らしが良く、遠くに上東山の三角形が展望できた。森林限界を超えない標高にもかかわらず、この展望を見せてくれるのは山腹が急すぎて、樹木が大きく生育できないからだろう。

急峻な登りも二十分ほどで終わり、平坦な痩せ尾根歩きとなってまもなく、立派な枝ぶりの松並木の向こうに赤い屋根の神社が見えてきた。習慣的に、お社に向かって一礼二拍手し参拝したのだが、顔をあげてよくよく見ればその建物の屋根は歪み波トタンは剥がれかかっていて、長い間手入れがなされていないようである。朽ちかけたその様子を見て、ここの三吉さんは麓に移されたと何かで読んだことを思い出した。

見晴らしのいい山頂でコーヒーを淹れて一息。三吉さんとしては、里が見渡せる、この山頂のほうが居心地が良かっただろうなと同情する。山歩きをしていればこのように、神様が山から移されたり、あるいは忘れ去られているのを目にすることがある。人の暮らしと山の距離が遠くなったのだなと考える。

コーヒーを飲み終えて下山なのだが、見れば廃道のある方向に道が拓けてあった。あわよくば、ぐるっと周回ルートが取れるかもしれないと踏み入ってみる。

しかし、そこには朽ちかけた古い小さなアンテナ塔があるだけで、期待した登山道は見当たらなかった。周回ルートを諦め往路へ戻ろうとしたのだが、ふと見た南側の山腹に踏み跡があった。見下ろせば、一本の立ち枯れた木の向こうに、自分のクルマをとめた入山口が近い。踏み跡程度の道ではあるが、跡が残るほどにかつて人が使っていたルートであればさほど危険もないだろう。地形も単純だし、ひたすら下っていけば必ず今朝通った登山道に行き当たる方角だ。まったりと里山散策のつもりであったが、ささやかな冒険心が湧き上がって来た。

高い樹木がないとはいえ、稜線を外れて山腹に入ればそれなりに視界は低木に遮られる。左右から張り出して茂る木の枝を、ときには払いのけ、ときには手がかりに掴んで急斜面を薄い踏み跡を辿って下り始めた。踏み跡はときどき不明瞭になりながらも、基本は急斜面をほぼ一直線に付けられてある。近年まで生きていた道だけあって、ところどころに古い赤布が下がっていた。

落ちるかのような急な地形のため下山はさくさくと捗り、やがて勾配も緩む。だがついに踏み跡は完全に薮に埋もれてしまい、最後は道無き道の薮漕ぎとなった。

小さな沢を越え、ほどなくして見覚えのある登山道に飛び出た。道迷いの不安から一気に解放され、今日も無事に下山完了のガッツポーズ。

（二〇一〇年九月）

狐狼化山

ころげやま。狐狼化山。ひらがなで眺めても、漢字で眺めても味わい深い名前である。狐や狼に化かされた人がかつていたのだろうか、それとも転げ落ちそうに急峻な山なのだろうかと、名前の成り立ちが気になって登頂意欲がくすぐられる。狐狼化山は標高１０１５メートル。栗駒山・秣岳の北西部に位置し、秣岳からはナメクジのような形の長い尾根を南へ伸ばした姿を見下ろすことができる。山頂には三角点があるが、一般的な登山道の整備はない。

したがって、登頂に適した時期はよっぽど藪漕ぎがしたい場合を除いて積雪期、それも冬季閉鎖の国道が開通してから雪が融けるまでのわずかな時期に限られる。五月も半ば、よく晴れた週末に国道３４２号線を、狐狼化山目指してクルマを走らせた。

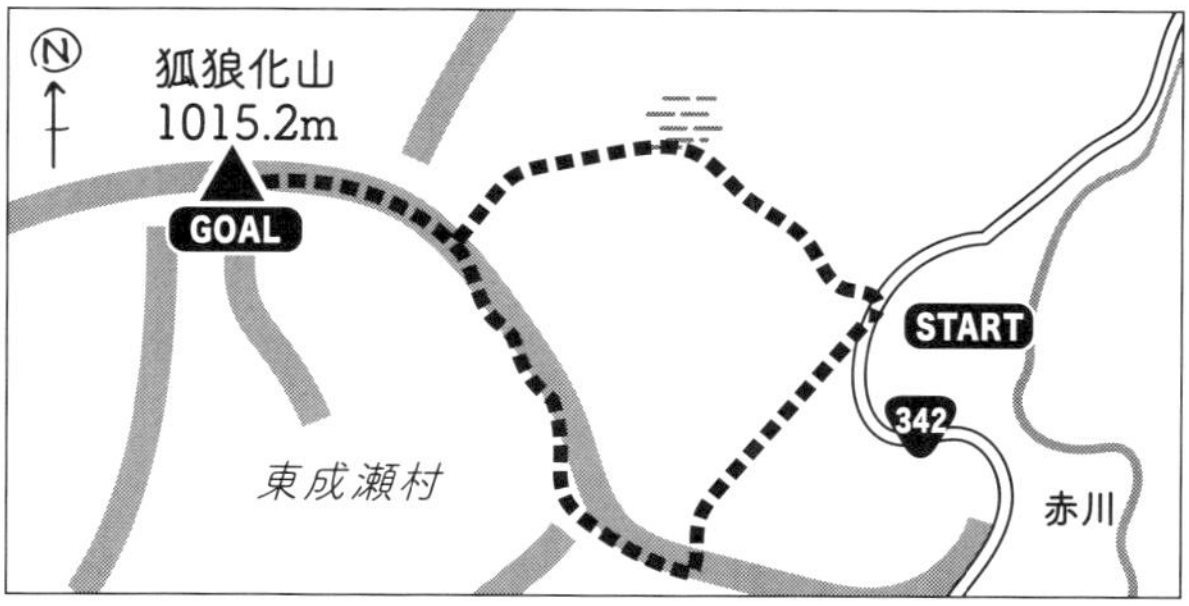

登山道のない山ということで、まずは地形図を広げて作戦会議だ。チェックポイントは、ク

ルマでどこまでアプローチできるのか、駐車スペースはあるか、リスク少なく、ラクに登れる地形はどこか。それらが済んだら、地形図を心ゆくまで眺め、地形から推測される名前の由来をあれこれと想像する楽しみに浸る。

地形図によると狐狼化山は南側斜面のほかは、等高線の間隔が狭く混みいっており、東斜面には雨裂マークが幾つか散らばっている。主稜線は山頂からゆるやかに南西へカーブして伸び、国道342号線にぶつかる。登頂のルートはこの稜線へ南側から上がることにした。あとは現地でクルマを止められるスペースを探し、そこからスタートすればいいだろう。標高差にして200メートルと少しの行程なので、残雪と新緑のコントラストを楽しむ余裕も十分に組み込むことができそうだ。

八時三十分、須川温泉手前の大谷地遊歩道入口でクルマを停める。道路脇に、クルマ二台ほどのスペースがあった。目の前は大谷地湿原が広がる伸びやかな地形であるが、景色はまだ雪の下である。残雪の湿原の向こうに狐狼化山の起伏の少ない稜線が横たわり、その麓には新緑がまぶしい。芽吹きまもない黄緑色に彩られた稜線は、その上に細く白いラインを頂いている。それは稜線上に残る雪である。あの雪のラインが狐狼化山の山頂に至る、残雪期限定の道である。

地形図を広げ、勾配の緩いルートに目星をつけて出発する。山腹を稜線上のP886より少し先に向かって、標高差にして100メートルほど。若干の藪漕ぎをして稜線にあがった。藪を抜けて飛び出た稜線は、広い雪原となっていた。芽吹き間もない景色には黄色や橙色、赤などが混ざり、色彩は柔らかで明るい。春紅葉と呼ばれる景色である。その華やかな緑に埋もれながらも、イタヤカエデやハウチワカエデ、ブナなどの小さな目立たない花々もよく見れば満開を迎えていた。歩き始めれば足元のざらついた雪の上には、木々が芽吹きとともに脱ぎ捨てた色とりどりの鞘が散らばり、季節が動き始めたことを実感させる。

道路脇から見上げた稜線上の細い白いラインは、尾根沿いに1~2メートルほどのしっかりとした幅でその先までずっと伸びていた。その様子は道なき荒野に、魔法使いがステッキを一振りでもして出現させた橋のようで、こんな都合のいい道があるのかと信じがたいものがある。そういえばこの山の名前は狐狼化山。薮山に現れた夢のような白い道は、ひょっとしたら狐の類に化かされて見えている幻で、あらぬ方向へと導かれるのではないかと思えてくる。稜線に残る雪はもはやこの一筋のラインのみで、おそらく来週末には崩壊してしまうだろう。あと数日だけの幻の道から、青空の下に栗駒山から秣の雄大な景観を眺めながら山頂を目指す。

山頂直下の痩せ尾根に差し掛かると、日当たりの良さとあまりに急な斜面に雪の道は途絶える。狐の妖術もここまでかと、現実に戻り薮漕ぎを覚悟して尾根に上がってみると、そこには薄く踏み跡があり覚悟したほどの薮はない。痩せ尾根に根を張るブナの幹には鉈目が刻まれていて、それなりに人が入っていた山のようだ。

尾根が広くなりのびのびとした雪原となった。この雪原の真ん中付近が山頂である。雪が切れたところに三角点が出ており、その傍らには「狐狼化山」と白い文字でかかれた小さな青い看板があった。山頂からは栗駒山、秣岳方面が一望できる。

残雪期ならではの「幻の道」を登ってきた下山は、せっかくなので湿原を横切って周回ルートを取ることにした。雪はルートの選択肢を大きく広げてくれる。楽しまない手はない。痩せ尾根を再び下り、湿原方面の急斜面をのぞき込めば新緑の柔らかな色彩に埋もれながらも、雪はしっかり車道まで繋がっていそうだ。

雪の重みからようやく解放され枝を起こそうとしている木々に掴まって、急斜面を降りれば、雪に覆われた湿原に降り立つことができた。空の青と、多彩な新緑による春紅葉と残雪の白は、色彩のオーケストラのようで目に染みるほどに鮮烈だ。耳をすませば足元からころころと柔らかなせせらぎが聞こえていて、残雪の下にまだ眠っているかと思っていた湿原もすでに春を迎え動き始めていることを知る。

雪山歩きも今シーズンは今日で終わりかもしれない。朝には固く締まっていた雪が、昼の日差しに緩み始めるのを長くつの下に感じながら思う。梢の向こうに狐狼化山の、白いラインを頂いた稜線を眺めていると、ふいに大きな鳥の影が走った。影の主は悠然と大きな翼を広げ旋回している。広げた翼に白い模様がくっきりと確認できたのでイヌワシなのかもしれない。しばらく雲ひとつない青空を旋回していたが、何かを見つけたようで南へとまっすぐに飛び去っていった。

（二〇一二年五月）

丁岳

丁岳《ひのと》に行かないかと、矢留山岳会のフジイさんからメールがあった。九月下旬のことである。ついに来たかとわたしは観念した気分で、メールの文中に丁岳の文字を眺め、オーケーの返信を打つのを少しの間ためらった。フジイさんの誘いを断るつもりはまったくない。丁岳はいつか登らなければと考えていた山だ。秋田県南部、山形県の県境にほど近い由利本荘市にあって、標高１１４６メートル。丁山地の主峰である。山岳向けのガイドブックなどでも、秋田の山のひとつとして紹介されていて、わたしの住む横手市からもさほど遠くない。だが……。

丁岳はずっと敬遠していた山である。

この山について人に聞けば、とにかくキツいコースだとの感想が返ってくる。矢留山岳会の

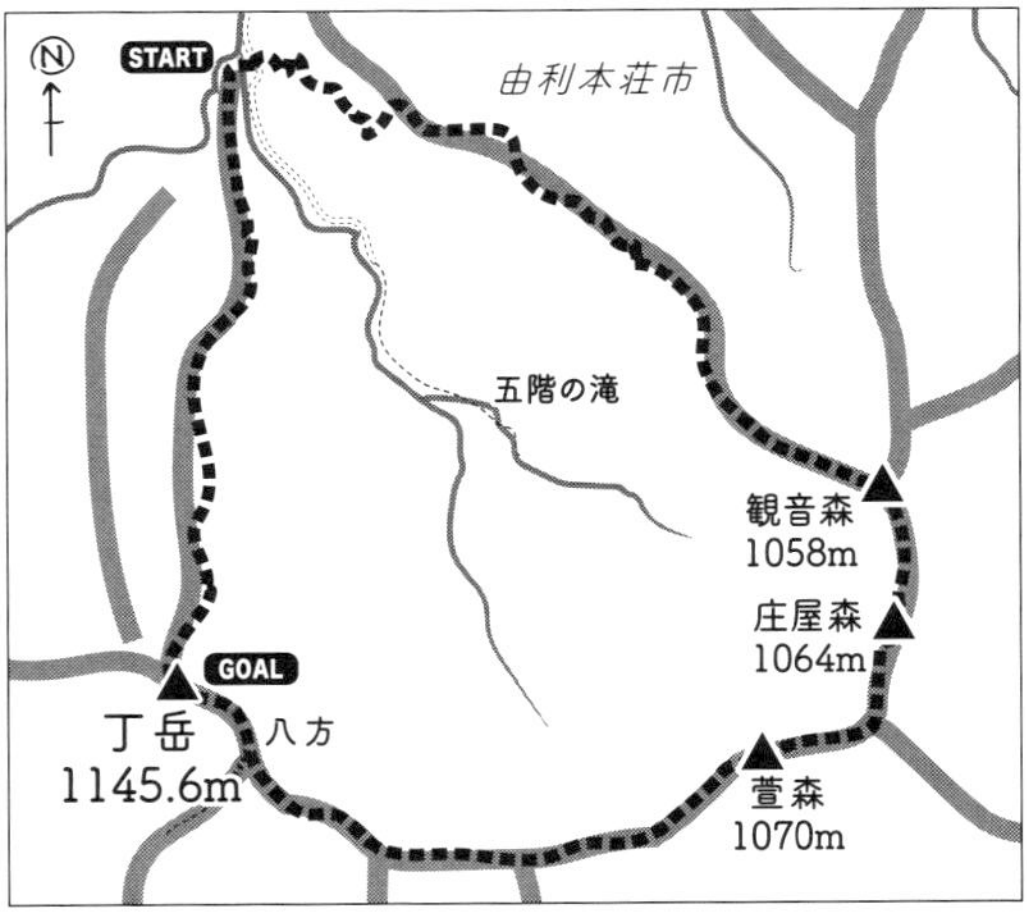

健脚者、サイトウさんもそれについては同じ意見だった。七、八年前、会山行で出かける山域についてみんなで検討していたときに、わたしは丁岳を提案したことがあった。だがその山に対する周りの反応は薄く、おまけにサイトウさんさえ丁はきつくってと苦々しそうに笑って横を向いた。わたしなどから見たら、無敵の山男に見える彼までもがそう評価するからには、生半可なキツさではないのだろう。気持ちが軟弱なわたしはそれだけで丁岳が恐ろしく思えてきて、会山行への提案から丁岳案をすぐさま取り下げ、ついでに自分の頭の中に漠然と並べてある、個人的な山行予定リストからもキツくツラい丁岳をそそくさと追放してしまった。

だが困ったことに秋田県の県南に在住し、曲がりなりにも山歩きをしているからには、丁岳について問われる機会がしばしばある。そのたびに、いつか登らないとなあと考えを改め、頭のなかの山行予定リストの末尾にしぶしぶと丁岳を戻すのだった。

今回、丁岳に誘ってきたフジイさんは、二、三年ほど前に矢留山岳会に入会したわたしより四つか五つ年上の山男である。仕事の関係で県外から秋田に赴任してきての当会への入会だから、丁岳についてはおそらくガイドブックか何かで知って興味を持ったのだろう。フジイさんによると会のほかのメンバーは誰も丁岳に来れないのだそうだ。そりゃそうだろう。彼は誰からも、丁岳の恐ろしさについて知らされていないにちがいない。その誘いのメールには丁岳に対する不安など微塵もなかった。わたしがお節介を発揮して彼にいかに丁がつらい場所なのか教えても良かったが、考えてみればわたしは丁について、調べることすら放棄していたので、彼を思いとどまらせるような情報など何もなかった。なので、ついに丁かーと観念しながら、行きますとフジイさんに短いメールを返信した。それからようやく恐ろしい丁岳の正体を見極めるべく、地形図を広げてみた。

丁岳への秋田県側からの主なコースは3つある。その3つとも起点となる登山口は同じである。つまり、登りと下りで異なるコースを繋いで、周回コースを取ることができるのだ。丁岳はキツイと、屈強な山男らにさえ言わしめることとなる理由が、どうやらここらへんにあるようだ。

地形図を見れば、丁岳への最短ルートは標高差約750メートルをひたすら登るだけで、途中に悩ましいアップダウンもない。このコースを大人しく往復するだけならば、やや急な登りではあるがよくある登山コースなのだな、で済む。これならば途中、ルートを外れたところにあるお花畑に立ち寄ってみようかという、心の余裕も十分保つことができるだろう。

ところが、せっかくぐるりと周回ルートが取れるのだからと欲を出したところからが苦労のはじまりなのだ。萱森《かやもり》、庄屋森、観音森と、標高千メートルを越えるピークを縦走するコースに勇敢にも、あるいはさほど深く考えずに足を踏み入れたとたん、丁岳は岳人らの汗と気力と体力を容赦なく搾り取る手強い修行の山に変容するのだ。地形図を眺めると、ぽこぽこぽこと尾根上にピークが連続し、登山道はこのピークのほとんどをいちいち踏むようにして付けられてある。このアップダウンが続く縦走コースは観音森コースというらしく、昭和五十年代に拓かれた比較的新しいコースのようである。作るときになぜ、ピークのうち二つ、三つほどでも巻こうという発想がなかったものか。

なお地形図には記載がないがこれら尾根上に付けられたコースとは別に、谷間の沢沿いにつけられた中道コースがある。尾根コースをつなげて環状ルートをとったときに、その真ん中でこの中道コースが交差するので、途中で嫌になったならアップダウン祭りからの戦線離脱も可能である。逃げ道があることを確認すると、丁岳登山に際して少しは気持ちが楽になった。

朝七時すぎ、登山口にフジイさんとともに到着した。林道脇がやや広くなっていて、登山者用に十分な駐車スペースが設けられてある。林道はまだ奥へと続いており、その先が中道コースのようだ。すでに駐車スペースにはクルマが四台も停められているのだが、春先と秋口のこうしたクルマはほとんどが山菜採りかキノコ採りである。

本日は、丁岳への直登コースを登る。勇猛な登山者らは、その逆、観音森、庄屋森、萱森の縦走コースから丁を最後に登るアップダウンコースをわざわざ選択するようだ。だが、わたしのように慎重な登山者にしてみれば、さっさと丁岳に至る直登コースのほうが、何かと都合がよい。丁岳に登ればおそらくその山頂付近から、その先の縦走コースのアップダウンを俯瞰することができるだろう。まずはそれを展望し、その時点での気力体力およびフジイさんと相談の上、ピストンコースを使って早々に退散するか、アップダウン祭りに身を投じるかの選択ができるのだ。

登山口をやや下って橋を渡るとまもなく急登が始まる。樹林帯とはいえ痩せ尾根上の登山道は整備が行き届いており、思いのほか明るく開放感すらある。「丁はきつい」とただその一言でわたしの野放図な想像力は、丁岳について沼のようにどんよりと暗い森の底を彷徨うようなイメージを、この数年間かけて作り上げていたので実際とのギャップにとても驚いた。

痩せ尾根の登山道は、最初からぐっと天を目指すが如く急ではあったが、刈り払いもゆき届き、広く快適な道であった。キツイだののベテラン以外は難しいだのの他人の評価を気にしすぎて、ずいぶん長い年月をわたしは無駄に丁岳を避けて来てしまったものだ。

九月という、花にも紅葉にも半端な季節であったので、登る以外にはさしたる用事もない様子でフジイさんはさくさくと急登を登っていくのだが、一方、わたしはそこかしこにスリコギタケやムラサキアブラシメジモドキなどの珍しいキノコを見つけてはペースを乱された。あわよくば、おいしい部類のキノコをと左右に注意しながら歩いたが、駐車場にあったクルマの台数を思えば、彼らの取りこぼしが今さらあるわけがない。

途中、下山してくる男性がいて案の定、背中に背負っているのはキノコ採り用のカゴである。大収穫だったようで一点の曇りもない笑顔でわれわれに付き合って足を止めた。聞けば背中のカゴいっぱいがマイタケとのこと。それは、笑顔どころか舞い踊りたいところだろう。話をしてみるとこの人は、丁岳の登山道整備を請け負っているとのこと。エスケープルートとしていた中道コースについても「今年刈り払ったばっかりだよ」とのことで、丁岳の主要な登山道はすべてが今こそ歩きどきのようである。

斜度が緩み、登山道の両脇に濃い笹やぶが出てくるとまもなく山頂である。十年以上も恐れ避けて来た丁岳の山頂である。あいにく樹林で展望はないが、小さなスペースに石碑と、三角点、そして手作りの山頂プレートが設置されてあった。ほかに登山者はいない。

さて、このままピストンするか周回ルートへ突き進むか、それとも最終的なルートの判断は先送りして中道コースの分岐まで尾根歩きをするかどうかについて、気力体力そして相方のフジイさんと相談。ここで引き返すのも半端だなということで意見は一致し、観音森まで縦走する周回ルートを取るかどうかはともかく、エスケープルートとしている中道コースとの分岐点まで行ってみようということになった。山頂を踏んでなおぐずぐずとして気持ちの定まらないルート選定は、入念すぎて率直なところ情けない。

山頂を少し過ぎたところが八方。展望地だ。ここからサイトウさんさえ顔を背けた「きつい」観音森コースが俯瞰できるだろうから、行くか敬遠するかの判断ができると目論んでいたのだが、あいにくのガスで何も見えない。あれまあとフジイさんは軽く嘆いて、この先の萱森のコルをめがけて200メートル近い下りに取り掛かり始める。

登山道は途中からピンクテープが多くなり、道幅も狭まり、勾配もきつくなり、まさにわたしが思い描いてきた丁岳のイメージそのままの、うっそうとした森へと深く沈んでいく。フジイさんは黙々とその苦行のような下りを先頭切っておりて行くのだが、五十メートルも下ったところでわたしは待てよと足を止める。いくら何でも登山道の様子がここまでと違いすぎる。現在地を確認してくれとフジイさんを呼び止めた。自分で地形図にコンパスを当てればいいところだが、フジイさんはスマートフォンに位置測定ができるアプリを装備してあるのだ。確認作業などこのイマドキの利器なら一瞬で済むだろうと、スマホを取り出すのをめんどくさがるフジイさんに強くお願いして、自分はコンパスすら取り出さない。

どうやらわれわれは、地形図には記載のない真室川方面へ下りる登山道に迷い込んでいたようである。このコースは、ぐんぐん標高を落としてやがて沢沿いをたどっていくようだ。秋田県側ほどには手入れのないこのコースは、年中バリエーションルートばかり入っているような玄人《かわりもの》に言わせれば「素晴らしいコース」とのことであるが、大方は「一般的なコースではない」という見解。おそらくわたしがずっと想像していたうっそうとした丁岳登山こそ、ここに用意されているものと思われる。

揚々として下ってきた五十メートルをしょんぼりとふたりで登り返す。正規ルートに戻ると、どうして道を間違えたのかが不思議に思えるほど広く明るい立派な登山道がちゃんとあるではないか。快適で明瞭な道を歩きながら、ふと、さっき迷い込んだ丁岳の裏ルートとでもいうべき、地形図にも記されていないあの山道が気になった。どういう成り立ちの道なのかと好奇心が発動する。こうなるとキツイだの廃道だのには囚われない代わりに、自分の体力や技量への見積りも甘くなり、好奇心と冒険心の二頭立ての馬車が走りはじめるのだった。さすがにいま、その馬車に乗り込みはしないが、いつかあのコースは歩いてみたいものだなとだけ、心に留めておく。

丁岳から先の観音森コースは、手入れは行き届いているもののスパイシーであった。行く手に現れた小ピークはその山腹の北側を巻いて通過するのだが、巻道があることに喜んだのもつかの間、登山道は足場も手がかりもないようなスラブとなって通過に緊張を要した。

かと思えば、やがて尾根はゆったりと広がってブナの豊かな原生林となり、心を和ませてくれる。その原生林の梢の向こうにやたらとんがった三角形が見えてきて、あれが萱森である。その塔のようなとんがった山容は景観的にはときめくが、あれを越えていくのかと思えばため息を誘う。そのとんがりっぷりを十分に見せつけられたのち、さあどうする？と言わんばかりに登山道は中道コースと観音森コースの分岐点にさしかかった。

もちろん萱森でしょうと、ここまでくれば気分は前向きになっていた。すでに気持ちも身体も山に在る。山中ならではの高揚感が不安を追い抜いていた。現場に来なければ、山の様子もさることながら自分の心すらも読みきれないものだなとつくづく思う。

そそり立つ登山道に悲鳴をあげつつも、標高差にして100メートルほどを登り切れば萱森である。この鋭鋒こそが丁岳周回コースの核心部だろう。登りは汗を搾り取られたが、下りとなると緊張感を強いられた。下り道の半ばから登山道はスラブの露岩に消える。廃道になっているのではない。露岩の急斜面という地形上、登山道を付けようがないのが実情のようである。

それはほんの四、五メートルほどではあるが安全を考えればこの観音森コースは、多くの登山者がそうするように、われわれとは逆まわりに登った方が安全なのかもしれない。急な斜面は登りに使うべきだろう。

次のピークである庄屋森の急登に取り掛かって、その途中で振り返ると、さきほど悲鳴とともに登り悲鳴とともに下った萱森の鋭い三角形の全容をみることができる。登る前までは、こんな冗談のようなとんがり山をわざわざまっすぐに登るアトラクションなどいらないから、さくっと巻道にしてくれればいいものをとうらめしくも思っていたが、こうして眺めてみればそのようにできなかった事情に合点がいく。

萱森の山腹は、あまりに急でどう悩んでもやはり山頂を踏んで尾根をたどるほか選択肢がないのである。その容赦ないスラブに挟まれた真ん中に一本ささやかな尾根があり、登山道はその尾根上にやっと付けられた細くか弱い一筋のラインだった。鬼のような登山道だなと思っていたが、こうして見ればまるで天からさしのべられた一本の細いクモの糸のようで儚げですらある。

急斜面を登る、ピークに立つ、急斜面を下る、をいくつか繰り返しようやく最後のピークである観音森に立つ。どのピークも急を極めるが、さきに上り下りを済ませてしまった萱森のスラブのあとなら、どんな急斜面の登山道もすばらしく文明的な道に思えた。

観音森のあとはもう下るばかりである。山頂直下の落下するような下り道を一気に百メートルほど標高を下げる。フジイさんは下山が早い人である。仙人にでも取り憑かれたかのようにすいすいと険しい山道を下っていく。そのスピードに着いていけないのは悔しいので、こちらも意地になって急斜面を猛然と下りていくのだが、いいかげん太ももがだるくなったので、仙人と張り合うのはほどほどにして立ち止まった。

足をさすりながら、樹林の間に開けた視界を振り返ると、いつのまにやらガスは上がっていて庄屋森、萱森、丁岳のピークが一揃いに並んで見えていた。これらの一連のピークは、尾根続きとは思えないほどピークとピークの間の鞍部が深く切れ込んでいる。そしてやはり萱森は圧巻の鋭さで、コースの中程に小ぶりながらも独特な存在感を放ってとんがっていた。その背後には、丁岳の重厚感ある姿が待ち構えている。

観音森コースから丁岳をめざせば、急登のなかで樹林の彼方に初めて目にする展望がこれであるのか。いかに強靭な精神を兼ね備えた岳人といえども、このビジュアルから受ける精神的ダメージは相当なものであろうと同情せずにはいられない。だが、こうして見知らぬ登山者らに同情し、そして自分のなけなしの体力や気力を丁岳に奪われることをひたすら怖れながらも、今日の長い行程で得た疲労のなんと清々しいことだろうか。

山に登ってつくづくと感じるのは、自分に備わっている体力も気力も知力も、すり減るほどに活かされる機会を待っているということである。

だからおそらくわたしは、このコースもそしてあの裏ルートも忘れることなどできず、ふだんはさほど活かされずじまいの体力や気力知力などに突き動かされて、いつかまたこの山域にやってきてそれらを存分に解き放ってやるのだ。

登山道はブナの森から植林の杉林に入り、いつしか伐採の作業道に入れ替わっていた。初秋の野の花、キバナアキギリがちらほらと現れると登山口もすぐである。ガスの取れた山域に午後の遅い日差しが蘇ると、忘れかけた夏が舞い戻ったかのように季節外れのヒグラシが一匹、鳴きはじめた。汗ばむ額に一筋の風を受けたような気持ちにさせる涼やかな音である。

（二〇一六年九月）

真昼山地に何度も行く

定番のタケノコ入りカップラーメン

後ろのツル道

後ろのツル道という素朴な名前に惹かれ、初夏に六郷ダムから女神山の分岐まで往復してきた。

秋田から岩手側へ抜ける峠越えのこの道は本来、登山道ではない。旧湯田集落の人たちのかつての生活道で、岩手の炭焼き窯から炭を運んだ「炭焼きの道」である。その歴史は古く、何百年にわたって踏み固められてきた道、と地元には伝えられている。集落がダムに沈み、その集落を見守ってきた三吉さんも山から去り、もはや通う人もなく、静かに薮に埋もれ廃れようとしていたこの道を、最近になって地元の山岳会が復活させた。こうしてかつての炭焼きの道は、秋田から女神山へ至る味わい深い山歩きの道として数十年ぶりに蘇ったのだった。

後ろのツル道。飾り気もなく何のひねりも気取りもないその名前を読むと、わたしはなんだ

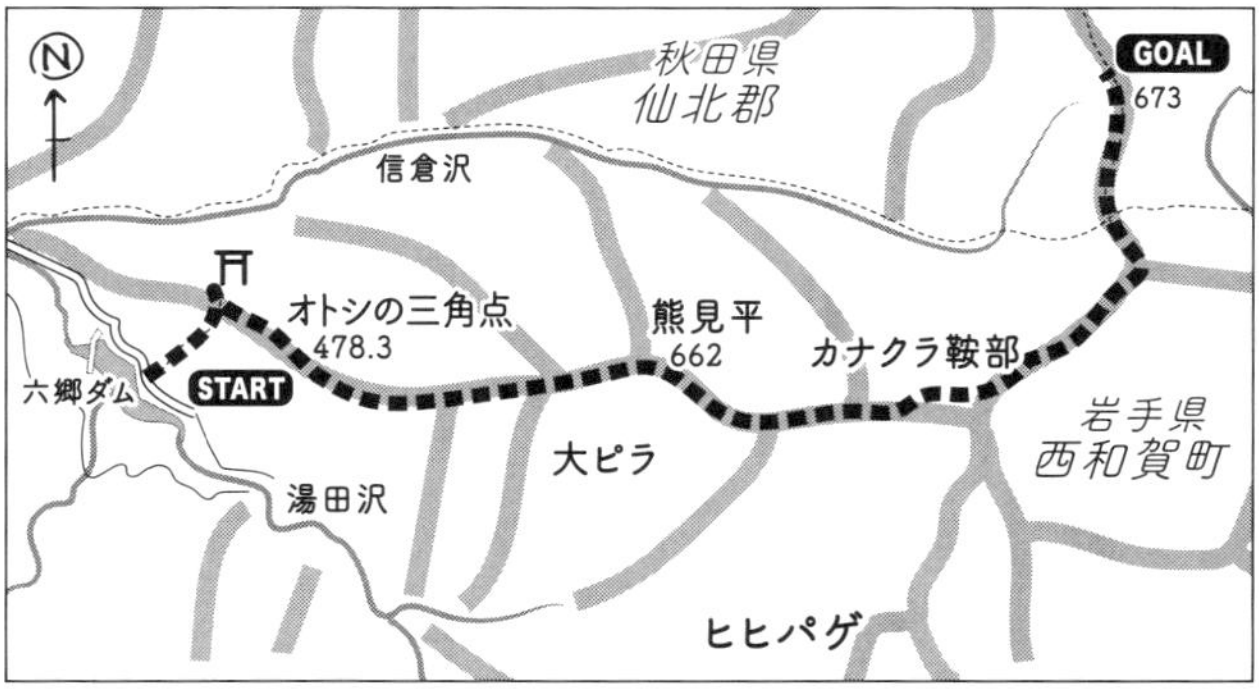

か他人の家に紛れ込んだような、未踏の沢に分け入るのとはまた違う、ある種未知の世界に入った気持ちになる。大仰な祈りも野望も込められていないその名前は、平凡すぎてむしろ力強い。炭を背負った幾人もの人々の一歩一歩とともに生きてきた道ならではの、生命力のような強い存在感がこの名前にはある。ところが、念願のツル道を歩き満足して帰宅したあとになって、この道に関連したヒヒパゲという謎めいた地名を見つけた。

この日本語らしからぬ不思議な語感の名前が記されていたのは、故・藤原優太郎さんの随筆の文中である。六郷ダムのほとりの看板にヒヒパゲという名前を見つけた藤原さんが、それが何を指すのか考察しながら、後ろのツル道を歩いたときのことを綴ったものだった。

そんな看板があったのかと、わたしはろくに調べもせずに歩いたことを後悔し、ヒヒパゲが何を示しているのかを確かめたくなり、再び後ろのツル道にやってきたのだった。

二度目の後ろのツル道は、登山に取り掛かる前に藤原さんに習って、手前の広場にある小さな石碑とその隣の絵図に立ち寄ってみた。絵図は藤原さんが見た当時から一新され、かなり親切に地名が案内されている。藤原さんが謎とし、これからゆっくり解明していこうと文を結んだヒヒパゲの名は、絵図の中、麓集落の後ろに広がる山のイラストにその場所を示して添えられてあった。絵図に並んで立つ小さな石碑には「この湖底に湯田ありき」と彫られてある。

予習を済ませ、いざ登山口に立つと今日の空といえば、雨を降らそうかもう少し我慢しようか悩ましい。そんな危なっかしい空ではあるが、樹林帯にある後ろのツル道を歩くぶんにはさほど濡れる心配はないだろうと、雨具の上だけを着込む。入り口は幅1メートルほどの急なコンクリート製の階段だ。「女神山登山口」と毛筆で書かれた小さなプレートがあり、女神山の文字の下には「後ろのツル道」と書き添えられてある。

登山口の階段を登り切れば湧き水があり、カエルのクックックックという澄んだ鳴き声が濃い森の中にこだましていた。さっそく標高差150メートルほどの急登が始まるのだが、うっそうと頭上を覆う杉林と、その林床を埋める大きなシダ植物群は圧巻で、さらに小雨がもたらすしっとりとした湿度が、さながら大昔の森をさまよっている気分にさせる。

心肺機能が急登の山歩きに慣れるころ、赤い屋根のお社が見えてきた。旧湯田神社である。むかしは三吉さんが祀られていたのだが、御神体は地元の湯田集落の人々とともに新しい土地へ移ったあとで、もはや扁額も取り払われている。赤い屋根はトタンがめくれた箇所も目立っていて、残された建物は時間にまかせて静かに朽ちつつある。

後ろのツル道の「ツル道」は、この神社から県境までの5キロにわたる稜線上につけられた道のことだ。この稜線が麓集落からは、鍋のツルのように見えることから「後ろのツル道」と呼ばれるようになったとのこと。登山口の絵地図には、このツル道を頂く山について「大ピラ」と記されてあった。ピラはアイヌ語の「崖」を意味するらしく「大きな崖」の名のとおり、稜線に上がれば山腹は、切れ落ちるかのような急斜面となって谷に落ち込む。道のかたわらには三角点があり、そばに立てられた案内プレートによるとそれは「オトシの三角点」と命名されていた。この大ピラの急斜面を誰かが落ちたのかあるいは、運搬の手間を省くためにここから荷物を麓へ落としたのか。この道にはいちいち想像力をかきたてられる。

道はなだらかになりブナが目立ち始め、真昼山地らしい優しい森の景色となった。落ち葉が堆積した古道は、つまづくような石や木の根がほとんどない。この歩きやすさはちょうど、真昼岳と女神山の鞍部を乗っ越して歩かれた善知鳥の古道に似ている。そして山道脇のブナの幹を注意して見れば、かつてここを往来した人々による昭和二十年代の古い署名を見つけることができるのも古道ならでは。

登り始めて一時間半ほどでこのコース1番の展望地、熊見平に出る。晴れていれば女神山、県境稜線、御嶽山、黒森山が展望できるのだが、あいにくのガスで熊どころか女神も今日は見えない。

少し下って登り返すと次の展望地、のぞき窓だ。山道の南側に土が堤防のように盛り上がった場所で、その一箇所がちょうど窓のようにえぐれておりそこから御嶽山方面が見渡せるのだ。のぞき窓から東へ首を伸ばせば、県境稜線が遠望でき、その濃い緑の密集した稜線にポツンと、赤く土がむき出しになった崩壊地が目を引く。あのあたりが麓の絵図が示していたヒヒパゲだ。ヒヒパゲ、またはシシパゲとも呼ばれる。大ピラの名前と並べれば、この耳慣れない名前もアイヌ語がルーツなのか。アイヌ語についてはまったく知識がないのだが、その不思議な語感を放っては置けず調べてみれば、パゲに対応するアイヌ語の意味は「〜の頭、頂点」があり、ヒヒは見つけられなかったがシシについては「避ける」が見つかった。このように単純にこじつけるべきではないのだろうが、何か自分が満足するような推理したくなり、ヒヒパゲは「避ける頂上」という意味なのではないか、と仮説を唱えてみる。

後ろのツル道を抜け、女神山の分岐に出て一息入れていると、ついにポツンと大きな雨粒が落ちてきた。風も出て初夏だというのに気温が下がり始めている。あわよくば女神山登頂を予定していたのだが、引き返す頃合いだろう。ツル道自体はもともと女神山になど何の用もない道なのだ。稜線まで人々を通し、そして集落へ無事に帰すための道である。後ろのツル道のかつての役割を想い、今日はここまでとし秋田へ帰る。

（二〇一七年六月）

音動岳《おんどう》

新緑の季節になると、ここのブナの新緑が見たくてと隣県からはるばる真昼岳山腹のブナ林までやってきたユラさんの言葉を思い出す。雨がぽつぽつ降る五月のことだった。

その日わたしは、同じ市内の山男であるコンノさんと真昼岳へ、手にはスーパーの袋を携えて赤倉口から入山していた。雨後のコシアブラ狙いであった。この季節になると何と言ってもコシアブラだ。あの独特の香りを思い出すだけで堪らない。行き過ぎないが決して弱くない独特のほろ苦さと強い香味は、絶妙な均衡を呈して、おとなの複雑を好む嗜好にぴたりとハマる。ざっと天ぷらにして塩をちょっとつけてもよし、贅沢にきんぴらにしてもよし。いっそそれらを待ちきれず、摘んですぐに鼻にくっつけて匂いを嗅ぐだけでも良し。さあ、今夜はコシアブラで飲むぞ。沢沿いの道すがらアイコをトゲトゲ

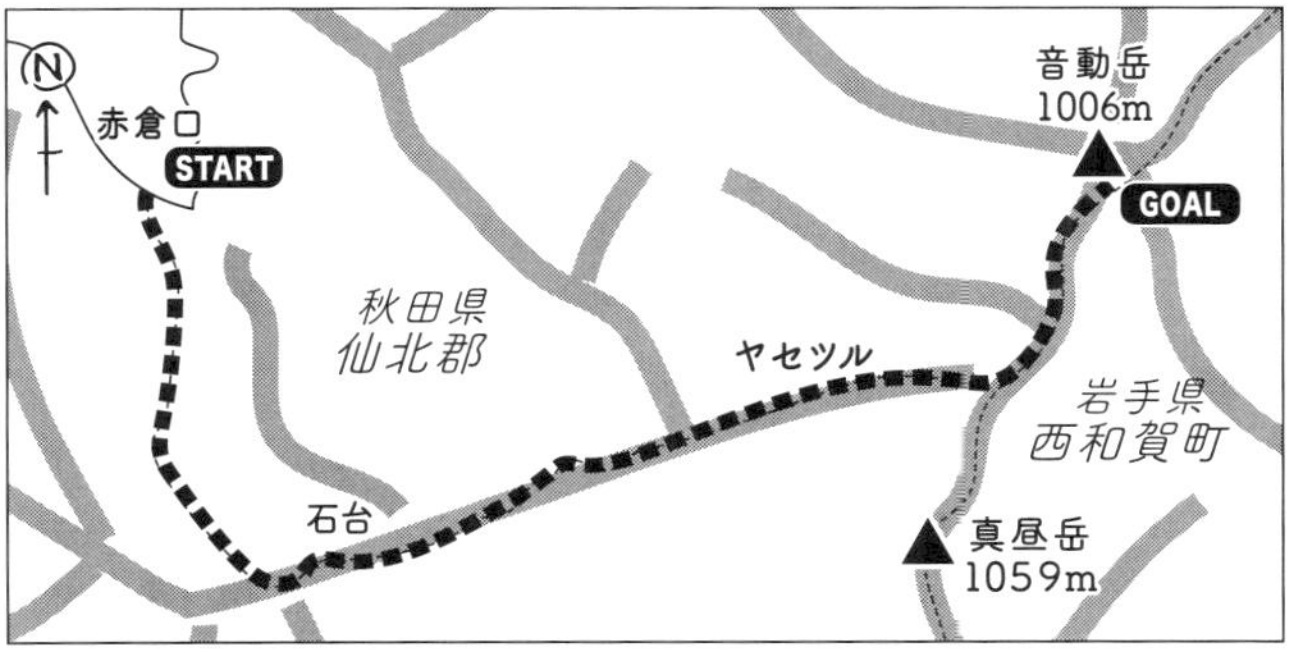

に注意しながらいくつか採集しつつ赤倉コースを歩き、石台のブナの森のなかで一息入れていたところへ、鈴の音が近づいてきた。見れば単独行の女性がひとり、同じコースを登って来るところであり、そちらもこちらに気がついた様子で目が合って、笑ったその顔はユラさんであった。

岩手から雨にも負けずやってきたユラさんに、なにも秋田まで来なくてもブナなどどこにでもあるのではないのかと、そのときは彼女の真昼岳のブナへ対する熱意を不思議に思ったものだ。わたしにとってブナの森は、山に登れば必ずあるものだったので、コシアブラほどに関心をもって眺めることがなかった。豊かなブナの森は、多雪地域であればこそと知ったのはもう少しあちこちの山を登ったあとのことである。

ここのブナと言われてユラさんにつられて見渡せば、あたりには太さの揃ったブナの灰色の幹がのびのびとまっすぐに立ち並び、そこへときおり漂ってくるガスに新緑の彩度が霞む。一緒に見上げていたコンノさんが、山菜の袋を大きな一眼レフに持ち替えて数回シャッターを切る。

それ以来五月の大型連休が過ぎたころになれば、何と言っても真昼岳である。真昼岳について、人から影響されて知った景色はほかにもある。矢留山岳会のミユキさんは、仙北平野一面の、水が張られた田んぼが鏡のように輝く様を山頂から見たいと言うし、真昼岳の山頂神社で居合わせた女性登山者は、ここのシラネアオイを見るために登ってきたのだという。ユラさんの言うブナも、わたしの好物のコシアブラも、鏡のような水田もシラネアオイもすべて、五月のこの季節に真昼岳に揃う。

真昼岳は真昼山地にある標高1059メートルの山だ。標高こそ1000メートルをやっと超える程度なので、その数字だけ取り上げれば低山の部類だろう。だが、冬は日本海からの厳しい季節風を真っ向から受けるため森林限界が低く、おまけに西側の急峻な稜線は春には底雪崩を起こすものだから、山頂付近は灌木ばかりでこざっぱりとしており、高山さながらの爽快な展望がある。

南峰の山頂直下のルンゼが底雪崩を完了させ、ことしも真昼岳に五月がめぐってきた。十時近くに赤倉登山口に来てみれば、駐車場はすでにクルマでいっぱいだ。登山者らはすでに登り始めていいてだれもいない。

これから山に入るにはだいぶ遅い時間であるが、山頂にこだわらなければいいだけのこと。ブナの美林でエゾハルゼミの柔らかな蝉時雨と、新緑のグリーンシャワーを浴びることができれば、今日は満足するつもりである。小沢を越えて赤倉口をスタートする。

赤倉コースは真昼岳への代表的なコースで、山頂まで通常は二時間ほどで到着する。とはいえ五月は誘惑の多い季節だ。山菜はもちろんのこと、一年ぶりに再会する小さな花などに出会えばしょっちゅう足がとまるだろうから、こうした道草の時間を織り込むことを忘れてはならない。

沢ぞいの登山道わきに、先陣切って登場したのはアズマシロガネソウだ。小指の先ほどの小さな丸い花は薄い黄色で、花びらの一枚だけに紫色が差す。秋田が北限の植物で、和賀岳よりも南で見られると聞くからちょうどこの界隈が北限なのだろう。とても小さい花なので気づくのが難しい。二股に分かれた実が出来始めていたので、そろそろ終盤の様子である。

沢を離れるとイカリソウが現れる。花はさほど小さくもないのだが、ギザギザハートの葉っぱの下に隠れて咲くので、これも見つけにくい。輪生状の4枚の葉っぱの真ん中に一本、小さな白いトーチをかかげるのはヒトリシズカ。名前のわりには団体で賑やかに咲いているのが常なので、そのネーミングは違うんじゃないかとのツッコミはこの時期にかかせない。エンレイソウ、ヒメアオキの雄花と雌花も登山道脇に地味に咲き揃う。

そうやってたっぷりと時間をかけてようやく石台にさしかかれば、そこは明るいブナの新緑の只中である。ながらく雪山の無彩色に慣れた目に、新緑は緑色の光のように眩しい。一冬をしんと静まった雪山に慣らされた耳には、エゾハルゼミのやわらかな輪唱が心地よい。ときおりぽーぽーという芸のない素朴なツツドリの声も混じる。真昼岳の山腹には理想的な春の長閑さがあった。

真昼岳山頂に立つつもりはとうに失せ、さまざまな春のひとつひとつに応じながらぶらぶらと登山道を歩く。途中の笹薮に頭をつっこめば、今日の昼ごはんを少しばかり豪華にしてくれる数本のタケノコが手に入った。山頂に立つことと引き換えにして得るものの多さよ。芽吹きの季節に、山頂はみるみる遠のくばかりだ。

ブナ林を過ぎる頃になるとちりんちりんと熊よけの鈴の音が賑やかになり、下山してくる二、三の登山グループとすれ違った。

こんにちはーの挨拶と、道を譲ったり譲られたりの短いやりとりのなかでどのグループも申し合わせたように、今日は音動岳のシラネアオイの群落が見頃だからぜひとも見に行くべきだと熱く推して来る。その顔は晴れ晴れ晴れとして得意げですらある。

シラネアオイは、野山の花にしては大ぶりでよく目立つ花である。たいてい、こうした大きな花はダイナミックな印象を備えるのだが、シラネアオイの場合は楚々とした気品と、目立つわりにはしとやかな美しさを持つ。その貴婦人のような姿は春も半ばになるころに、新緑の山腹や稜線ぞいにぽつりぽつりと見ることができ、昨今では登山者たちのＳＮＳ投稿を賑わす春のアイドルでもあった。

そのシラネアオイが見頃と聞いて、わたしはそれはそれはと相手の純粋な高揚感に釣り合う程度の反応を示したものの、昼にだいぶ近い時間にまだ樹林帯のなかを歩いている身としては、はたして稜線まですら到達が怪しいところである。それに、音動岳のシラネアオイと言われても、たしかにその群落についてはウワサを聞いてはいたがタイミングが合わずに見たことがない。頭の中でシラネアオイを十本ばかり即興で咲かせてみて、まあよくある光景なのだろうなと見積もっていたのでわたしの心は、ほらそこにタラの芽が、と言われたときほどには騒がないのだった。

まあ、稜線まで行ってみて気力と体力次第ではこの登山者たちの熱意に付き合って、シラネアオイの群落を見に行ってもいいかなと考えながら、相変わらずのんびりと標高を上げていく。昼をだいぶ過ぎたころ、オサバグサ群落の脇を通ってようやく主稜線に出た。赤倉コースと峰越コースの分岐である。標高にして１０００メートルを切っているにもかかわらず、吹きさらしの真昼山地の稜線は灌木と笹ばかりで見晴らしが良い。晴れ渡る空の下には鳥海山の白く端正な三角形があり、さらにその下には昨日あたりから水が張られ始めた田んぼが、モザイク模様を作って一面に広がっていた。

ほとんどの登山者たちはもう下山しており、真昼岳のメインストリートは明るい日差しをたたえてぽかぽかとして静かである。真昼岳を見上げれば、まだ山腹には残雪があって重厚感ある緑の景色に見応えあるコントラストを成している。

その山頂に向かうつもりはすでになく、代わりに地形図を広げ、シラネアオイの群落が見頃だと教えられた音動岳までの道のりを見積もった。遅くとも十六時前には下山完了できそうなので、気まぐれに任せて足を延ばしてみる。

音動岳は標高１００５メートル。真昼岳から峰越林道に至る稜線の半ばにあるのだが、山頂部分は平坦な草地になっていて、山頂というほどの盛り上がりには今ひとつだ。しかも登山道はその最高地点を踏まない。だから、音動岳の標柱がなければ、はてあの付近に山があったっけ？というほどに存在感の薄いピークなのである。

シラネアオイはその山頂直下の急な登りの中腹から現れ始めた。薄紫色に立ち止まり、息を整えながら顔をあげれば、その先へと続く登山道に沿って薄紫色の帯ができていた。思わず、おおと声が出る。顔がほころぶ。カメラに手が伸びる。それはわたしが即興であたまのなかにかき集めた、十本かそこらのシラネアオイの群落など及びもつかないボリュームで、登山道の両脇を埋めていた。

てっきりちょっと大きめの株が、登山道の一角を賑わしているだけとばかり思っていた。ところが来て見れば、大きめの株が登山道わきにいくつもいくつもひしめき合っており、ともするとシラネアオイの楚々として奥ゆかしい印象を、ごっそりと覆す勢いで盛大に花を咲かせていたのである。つくづく自然とはわたしの想像などあっさり振り切って、思いもよらない姿を見せてくれるものだ。

登山道が平坦になるとシラネアオイ祭りは遠のいて、やがて音動岳の標柱が現れた。その最高地点についていては、道の整備がないのでこの先にあるのだなと思うだけに止めておく。時間はすでに十三時。湯を沸かし、タケノコの皮を剥いて放り込む。茹で上がるまでの間は展望タイムだ。

間近に真昼岳のどっしりとした姿があり、その奥に鳥海山。西には太平山地、北を見れば森吉山、秋田駒、和賀岳。名峰たちは白く雪をたたえて、霞みがかった青空のなかに勢揃いである。ぼこぼこと湯気の勢いが強まったのに呼び戻されて鍋の蓋をあけると、湯の中をぐらぐらとタケノコが踊っている。その淡い緑色がやや透明感を帯びてくればいい頃合いだ。ガスを止めて湯の表面が静かになり、タケノコの舞いがゆっくりと鍋の底に収束するところを、ざざーっとカップラーメンへ注ぐ。そして三分待ったら蓋をあけて湯気を解放する。

カップラーメンの表面に、タケノコのみずみずしい透き通るような緑色がたっぷりだ。割り箸で軽く押し、スープをなじませたら真っ先にそのタケノコを口に放った。軽く噛めばプリっと弾けるような食感とともに、旨味がほんわりと広がった。

さて、陽気に甘えて春をたどっての山歩きもそろそろ下山だ。見下ろせば、午前よりも田んぼの水は増えていて、青空を映してきらきらと光っていた。来週にはどこかの登山者らが、一面が水鏡となるここからの景色を見るために、真昼山地を登りにくるのだろう。

（二〇一六年五月）

風鞍《かざくら》

タケノコ入りのカップラーメンを食べ終えコーヒーに取り掛かろうとすると、タナカさんは手をつけなかった様子のおにぎりをザックに仕舞いながらもう出発しようと提案してきた。おにぎりは食べないのかと尋ねると、この先がどうなっているのか分かんないから非常食、と、身支度の手を休めずに答えた。口ぶりはいつもながらのひょうひょうとした調子であるが、緊張感が伺えた。身支度の早いタナカさんに遅れまいとそこらに放り出した荷物をザックに突っ込んでいると、タナカさんはもうザックを背負って地形図に目を落としている。六月上旬、和賀岳から真昼岳へと続く稜線でのことである。

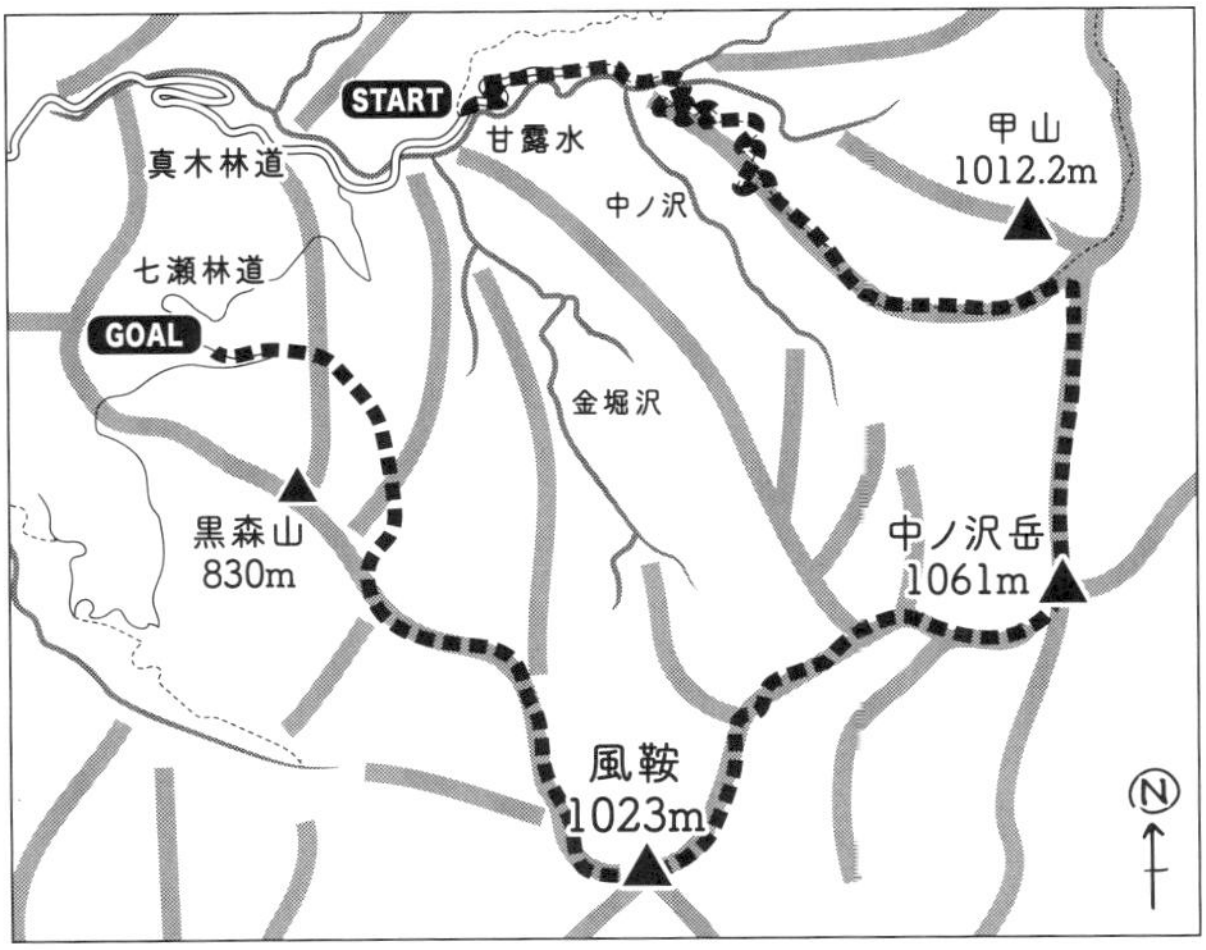

今回の山行は週末を前に、もうタケノコが出ているかもしれない、というタナカさんからの

山の誘いのメールがきっかけである。とくに山域の指定はない。この季節、タケノコがあまりにたくさん生えていれば、足は鈍り山歩きに深刻な支障をきたす。おまけに帰宅後はえんえんとタケノコの皮むきと下処理に忙殺されるので、採集の際にはあとあとのことまで考慮した欲のコントロールが必要だ。だからわたしは警戒して、あまりタケノコとは目を合わせないようにしているのだ。

ところがタナカさん始めとする、秋田の山男たちはそんなことにはまるで無頓着だ。そこにもあるここにもあると山歩きの傍ら、地面にやっと数センチ顔を出した食べごろを目ざとく発見してはいちいち薮に潜る。最初のうちはザックのサイドポケットに突っ込んでいる程度だが、いよいよサイドポケットがパンパンになれば、スーパーの袋を取り出してずっしりとなるまで採集する。その挙句、下山すれば自分はこんなに食べないからと、あっさりと所有権を放棄してずしりとそれを寄越してくるのだった。

こうした点もふまえこの季節の山の選定は、タケノコの誘惑が比較的少なく、タケノコに構っていれば終わらないような計画を心がけるのだ。わたしは和賀岳界隈に目星をつけ、和賀薬師から大甲《おおかぶと》、甲《かぶと》山を周回するコースを提案し、タナカさんもそのマイナーなコースプランに同意を示した。

今回予定しているコース状況について確認がてら、インターネットを立ち上げる。そこでわたしは真昼岳から和賀岳に至る、長大な縦走路についての情報を発見したのだった。

それは、六郷にある後ろのツル道から女神山に入山し、真昼岳を経て和賀岳へ、そして和賀岳から錫杖の森の難所を越えれば白岩岳へ、あるいは和賀岳から岩手側の高下岳へ抜ければそのまま羽後朝日岳へと続く、とてつもなく長く、そしてとてつもなくマイナーなルートである。わたしの心はわし掴みにされた。

調べてみれば、国土地理院の地形図にはそんな登山道の記載はなく、どうやらその登山道は知る人ぞ知るというあやしいレベルで存在しているらしい。だが、その壮大な縦走路の一部で最近、刈り払いがあったようなのだ。

二、三年ほどまえの記録ではあるのだが、その刈り払いは中ノ沢岳、風鞍のピークを結ぶ登山道で行われており、さらに風鞍からその主稜線コースを逸れて、黒森山方面の七瀬林道に下りてこられるようにも整備されたという。つまり、この黒森山方面へのコースを使えば、長大な縦走コースの途中でエスケープができるし、クルマ二台を用意すれば中ノ沢岳、風鞍を縦走する周回ルートが出来上がる。

これは行かねばなるまいと、前日ではあるがそのようにタナカさんへ、予定変更の提案を伝えるとオーケーだが、地形図をそちらで用意してほしいとの返事であった。さっそく地形図を新たにプリントアウトし、磁北線も書き込んでしまうともうわたしは準備万端のつもりで早々に床につく。ここでひとつ、地形図を任された者として、大事な準備を忘れてしまったのだが、それに気づき青ざめたのは翌日の山中でのことである。

翌日、天気は曇りだが徐々に上がる予報である。山には雲が垂れ込めているが雨に見舞われることはないだろう。クルマ一台を下山予定の七瀬林道にデポし、もう一台で和賀岳の登山口、甘露水へ。甘露水で水を補給し、だれもが向かう和賀岳の登山口へは目もくれず今日はその奥、廃道となって久しい林道に向かう。草の生い茂るなかをしばらく進めば、いつからか倒れたままの標柱がすずみ長尾根コースを示して地面に転がっているのに行き着いた。ここから登山道が始まる。

山域一帯はあいにくのガスである。細かな霧は衣類にまとわりついて、汗とともにひんやりと肩を湿らせた。霧に霞んだ森を見渡せば、数週間前までは生まれたての新緑だったブナは、夏に備えて色彩を強めつつあった。しかし登るにつれて夏の気配は遠のいて、山の奥では山桜が冷たい霧をまとってようやく咲いたばかりである。その奥には雪があり、さらに今シーズンはもう見納めたつもりでいたカタクリが、ピンクの細長い蕾をもたげてまだ咲いていない。尾根筋の登山道を登るほどに季節は春へと巻き戻されていく。

みすず長尾根を歩きはじめて五十分ほどで甲山・中ノ沢岳分岐に出た。標柱があるのだが、ここでもそれは地面に寝っ転がっている。だが倒れている標柱とは言え、こうして地形図にはない名称が公になっていることにほっとした。やはりこの縦走路は存在するのだ。だが山腹を巻いて付けられたその登山道は、めったに人が通ることがないのかあまり踏み固められておらず、とても歩きにくい。

やがて緑のトンネルの向こうに、白くガスで満たされた明るい空間がひらけて主稜線に出た。ここから快適な尾根歩きだとほっとしたのはつかの間で、進むほどに笹が被り、脇からは枝が伸び放題となって快適な尾根歩きには程遠い。それでも踏み跡を拾うようにして、中ノ沢岳を目指していると今度は残雪が登山道を飲み込んでしまった。広い尾根にはさらにガスがかかって現在地が掴みにくい。行く手を示す手がかりはないかと、あたりを見渡したがピンクテープなどのマーキングは一切なく、ここはつくづくマイナーなコースのようである。雪が切れると踏み跡はかろうじて拾えるが、その道は歩く人が少ないのを見抜いたマイヅルソウに着々と征服されつつあり、足の置き場に困るほどであった。

インターネットの情報によれば刈り払いをしてあるそうだから、もう少し行けば登山道は一般向けに歩きやすくなるのではないかと、あまり根拠のない希望にすがってもう少し、もう少しと祈りながら進むのだが、われわれはその後も枝をくぐり、薮をかきわけ、ときどき雪にルートを探しながら進み続けた。

ふいに数メートル先を歩いていたタナカさんが、珍しく動揺した声を上げた。そら出たクマか！ととっさに顔をあげると、猫より少し大きいくらい茶色い毛玉が登山道をこちらへ突進してくるところだった。その毛玉は、あわわと立ちすくむわれわれと正面衝突寸前でひょいっと林へ飛び込んでいった。アナグマだった。少し行けばまた別なアナグマが登山道を走り抜けていくのに遭遇した。どうやらこの登山道は本業だけでは立ち行かず、マイヅルソウの群落の居住空間として、さらには高速獣道として事業を拡張しつつあるようだ。

中ノ沢岳が近づくほどに登山道はいよいよ藪に埋没し、もはや目視では踏み跡すら拾えない。こうなればもうマイヅルソウもアナグマも寄り付かない。わずかに残る踏み跡を、足先が入るささやかな感覚を頼りに辿って、藪をかきわけてがさごそと進む。だがひとたび倒木があれば、その足先のささやかな文明の片鱗も打ち砕かれあえなく進路を絶たれるのだった。

ふいに笹藪がわずかに途切れて空間に出た。そこには標柱が笹藪を枕に寝っ転がっていた。横たわる標柱には、あとから打ち付けられたらしい青いプレートに、白抜き文字で中ノ沢岳と記されてあった。標高１０６１メートル。そうか、と、寝っ転がった標柱をとりあえず登頂記念に写真に収める。藪に埋もれた山頂は今日ガスで、なにひとつ展望できやしない。おまけにこの先の登山道がどうなっているのかも見当がつかない。こんな状況では、山頂とはいえ心はあまり踊らない。

そういえば、このコースの標柱ときたら全部が全部、寝っ転がったものばかりである。もしやそれはこのコースが生きていないという暗黙のメッセージだったのか。インターネットのいつの更新かしれない情報に飛びついたばっかりに、タケノコ採りののんびりとした山歩きが、とんだ藪山探検隊となってしまった。やれやれという気分で足元の標柱を見下ろした。

「この先の風鞍からの登山道はどう付けられてる？」

タナカさんが高度計を調整しながら聞いてきたので、ようやくわたしは重大な忘れ物に気が付いた。磁北線が執拗に書き込まれた地形図に、今回の山行では忘れてはならない登山道の情報をまったく書き写していなかったのだ。

主稜線上を歩くだけなら、登山道がどんなに不明瞭でも進む方向はひとつだが、風鞍から七瀬林道へと下るとなれば状況は複雑だ。尾根は広がりながら分岐を繰り返し、選択肢はそれこそ迷うほどに広がるだろう。道が明確で標柱が生きていれば問題はない。だがこのまま藪が続くならば、ちゃんと見当をつけて下り口を探さないと、下手すれば今日のうちに下山できるかどうか……。

ここまで漕いで来た藪を振り返り、場合によってはここを引き返すのかと青ざめていると、まあとりあえず昼まで歩いてみようとタナカさんは高度計と地形図を胸ポケットにしまい再び藪をかき分け始めた。さすがはハナから道なき道をルートとしてきた沢屋だ。いまさらジタバタしないのだった。

中ノ沢岳からの痩せ尾根に差し掛かっても、登山道は相変わらず灌木と笹藪ばかりである。藪のなかに置こうとした足の下が、うっかりすると断崖だったりしてひやりとする。しかもあたりはガスに包まれたままである。晴れていれば絶好の展望があるのだろうに。

まともな登山道の出現をいいかげん諦めたころ、樹林帯のなかに明瞭でなだらかな道が出て来た。落ち葉が積った、まるで百名山にあるような登山道らしい登山道である。それは前後の藪など嘘のような平和な光景に思えた。そのわずかなオアシスに立ち止まり、また歩き出そうとしてから考え直した風でタナカさんはザックを下ろした。あせったってしょうがねえな、昼にすっか。タケノコの皮を剥き始める。

ということで二人、どっかりと登山道の真ん中に座り込み、湯を沸かしながらタケノコが茹で上がるのを待つ。どうせ薮道、爆走してくるアナグマの邪魔になるだけでどこからも苦情はないだろう。

おなかに温かい食べ物が入るとにじんわりと力が蘇る。とりあえず風鞍まで歩くべと、ふたたび薮道に突き進む。

登山道は、いや登山道だったところは、この先も様々な野生に大いに有効活用されていた。東北の亜高山地帯に育成するオサバグサは、県の絶滅危惧種とは思えないほどの繁栄をこの道の上で成し遂げていたし、カタクリは踏み潰される心配とは無縁の様子で、数年かけて蓄えた栄養をピンクの花に託して、足の踏み場もないほどに道を埋め尽くしている。傾斜がでてきて、風鞍の山頂直下にさしかかれば、シラネアオイが笹薮に代わってわれわれの行く手をやんわりと阻む。ときおり残雪がすっぽりと登山道を覆い隠す。前途多難とはこのコースのことを言うのだろう。

十三時を大きくすぎて風鞍である。なんと、ここでは標柱が寝っ転がってはおらず、きれいに刈り払われた山頂に堂々とまっすぐに立っていた。その頼もしい姿を見ると、ようやくこの稜線上にも文明復活のきざしかと気持ちに光が射し込んだ気がした。

だがこれで問題が終わったわけではない。標柱のまわりには、われわれが辿って来た薮道のほかに三つも登山道が伸びていた。そしてわたしが携えた地形図にはただの一本も道についての記載がない。つまり目の前の三本の道がそれぞれどこへ通じているのか、ここからでは見当がつかないのだ。標柱には中ノ沢岳、南風鞍、黒森口の三方向を示す矢印が、登山道の案内のつもりらしく記されてあるのだが、あいにくその矢印は目当ての黒森口と、今は行きたくない南風鞍方面とを似たような方角に示し、そしてそちらには二本の道がある。標柱の二本の矢印がこの二本の道のそれぞれどれに符号するのか分からない。

地形図を見れば黒森山はここから北西に位置し、風鞍の稜線から派生する尾根が、ちょうどその方面へカーブしながら一本、伸びている。おそらく、登山道がつけられるならこの尾根だろう。山頂から黒森山方向へ刈り払われた空間は、クルマ二台がすれ違えるほどに広く、道なのかどうか定かではないが試しにそちらへ下りてみるとすぐに笹薮の壁に突き当たった。ここで終わりか、と判断すべきか、それともここまでの登山道の展開からして、この笹薮こそルートなのか悩ましい。試しに数歩、薮に分け入って踏み跡を探したが、それらしき雰囲気はまったくなかったので引き返した。

残る二本の登山道のうち、一本は途中から残雪に没する。どこへ案内してくれる道なのかと、残雪の上をうろうろしてみて、どうやらこれが南風鞍に行く登山道なのだろうと結論し引き返す。最後の一本はとても立派な登山道なのだが、めざす黒森山方向とは逆方向に進むのが不安である。だが、残すところこの一本だけだ。行って見るほかない。道はここまでとは比較にならないほど明瞭で、そのくっきりとした存在感をすぐさま信頼感に直結させたいところだが、方向的には青シカ山に向かってぐんぐん下っているので油断できない。この道が北西に折れることなく、このまま南西を目指し続ければわれわれはこの道をがっかりしながら登り返し、さらには標柱が業務放棄して寝っ転がる縦走路を、薮とガスをかき分けて引き返すことになるだろう。

だが道はブナ林のなか、ゆるやかにわれわれが進みたい北西へ進路を変えた。やれやれ。この道で間違いないようだ。オサバグサの群落も、シダもこの登山道の両脇では、人の道との境界をわきまえて行儀よく繁茂している。ムシカリの木の枝に朽ちかけた赤い布テープがぶら下がっていて、さらに一定の間隔で比較的新しいピンクテープが現れた。下るほどにガスは晴れてゆき、木漏れ日が差し込み始める。どこからかそよ風のようなエゾハルゼミの声も聞こえてきた。徐々に何もかもが晴れ渡ってゆく光景はまるで異世界の魔法が解け、懐かしい元の世界へと生還してきたような特殊な安堵感を誘う。

真昼山地らしいブナの美林のなか、黒森山山頂との分岐に行き着いたが、もはや標高830メートルの山頂へ登る元気はない。山裾の巻道を七瀬林道へと脱出した。さすがに帰り際、タナカさんが寄越してきたタケノコの数はわずかである。

（二〇一三年六月）

雄壮な山に行く

稲倉岳を目指して七曲の手前

稲倉岳

稲倉岳は標高1554メートル。県内の山のなかではなかなか立派な標高である。だが、すぐお隣が東北きっての名峰、鳥海山なのだ。この大きな顔があるものだから、どう頑張っても登山道すらない稲倉岳の存在感は薄く、多くのハイカーにとって稲倉岳は鳥海山から見下ろす景色のひとつぐらいの認識だろう。

その影の薄い稲倉岳を気にかけるのは、主に県内のバックカントリースキーヤーたちだ。日本海を一望して広がる巨大な一枚バーンを目当てに、毎年春が近づき天候が安定しはじめると、稲倉岳はこうした山スキーヤーたちの間でにわかに脚光を浴び、いっときの賑やかなシーズンを迎えるのだ。

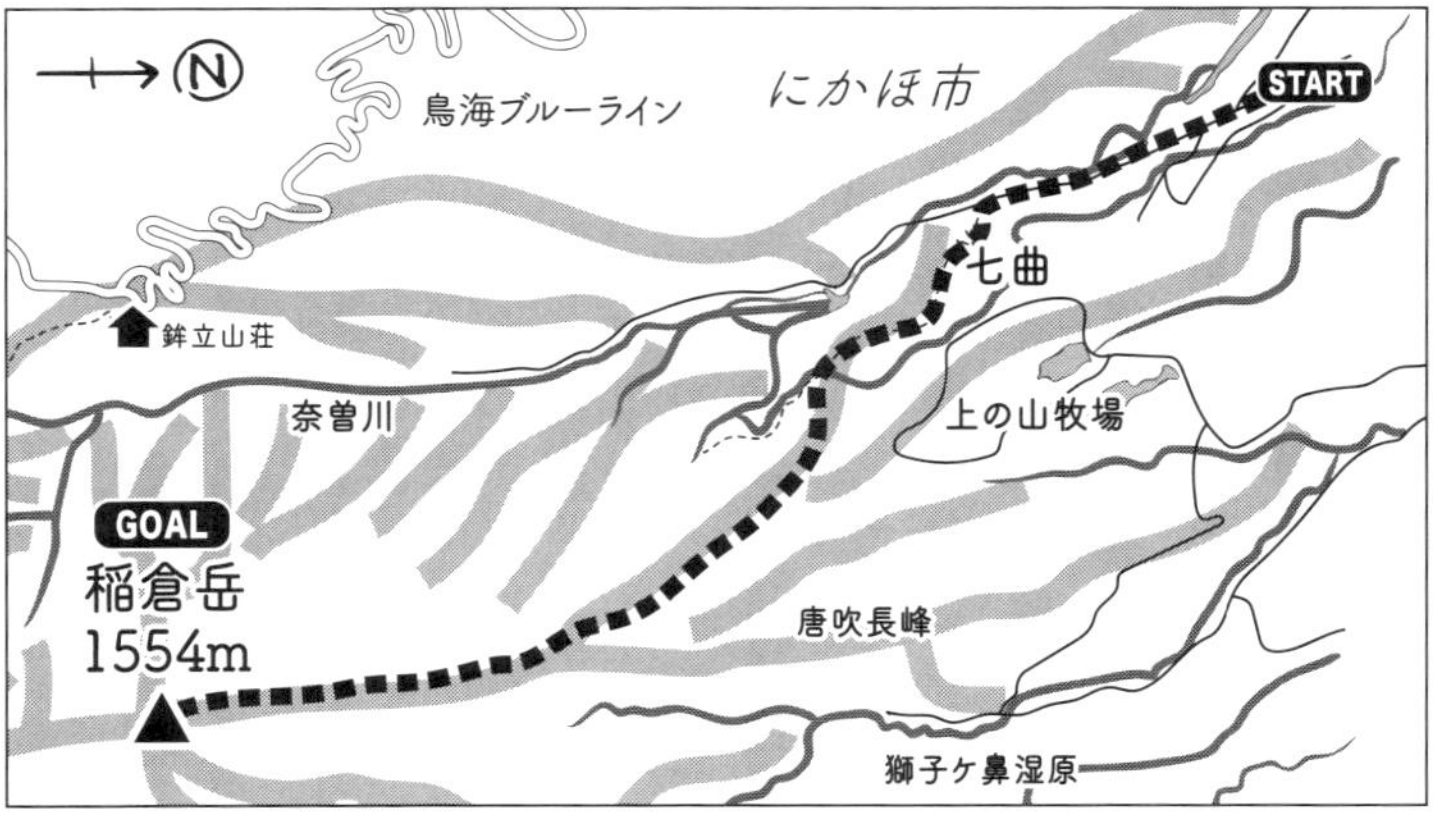

長い冬の終わりを高らかに宣言するかのような、よく晴れた三月半ばの週末、その稲倉岳に登ってきた。メンバーは矢留山岳会のハシヅメさん、サイトウさんとわたしの三人、装備は山スキーである。

八時すぎに入山地点となる除雪終了点に到着。すでに先行者のクルマでいっぱいだ。今日は県内のほかの山岳会も数パーティー入ると聞いていたので、これらはきっと彼等のクルマなのだろう。先発した同胞たちのトレースを追って、われわれも身支度をすませ八時三十分ごろ出発。

雪に埋もれた林道を、朝日を受け暑い暑いと言い合いながら山スキーで登っていく。三角形の小ピークが見えてきて七曲にさしかかる。七曲は小規模ながら急登を備えた最初に出てくる難所である。

北西向きの急斜面に張り付いた雪はカリッカリに締まっている。スキーアイゼンを装着してジグを切り、ときおり薦を避けながら標高差100メートルほどの難所を根気強く登っていく。二十分ほど七曲と格闘すれば、ふたたびコースは緩やかな登りとなって、右手の小ピーク585の裾野を通り過ぎる。

雲ひとつない春の青空を仰げば、あちこちにハンノキの花が揺れていた。高い木の枝にぶら下がる細長い茶色いフサが雄花なのだが、地味すぎてこの開花を気に留める人はあまりいない。こんな地味ななりで、しかも虫もいない時期に咲いたのでは、受粉に不便ではないかと心配したが、ハンノキの受粉は風を媒体とするとのこと。風さえあれば、まったく困ることはないそうである。

やがて稲倉岳が見えてきた。照りつける太陽に雪面がギラギラと、まるで油でも流したかのように強く光っている。ここから見上げれば、景色の主役は稲倉岳だ。鳥海山の頭がチラリと覗くのだが、それは一瞬のことでよくよく注意しなければ気がつかない。コース前半、鳥海山は主役の座を稲倉岳に譲り、稜線の奥に隠れておとなしい。

雪面がテカテカと光る656ピークを巻いて尾根に乗る。振り返れば、日本海と飛島の細長い島影も見える。遠くの山並みは霞のなかにあり、いかにも春めいた大気である。だが日射しはまるで初夏のように強く、これを真正面に受けながら登るのでサングラスをしていても眩しいほどだ。そして暑い!

昼に近いころ夫婦ブナを通過した。日本海側からの、強い風を受けてしなったような形の二本のブナが夫婦ブナだ。だれが呼び始めたのか知らないが、県内の岳人らには通じる俗称である。

その下では数人のグループが腰をおろしていて、聞けば山頂は諦めたとのこと。風のない晴天下での雪上ランチはずいぶんと楽しそうだ。気をつけてーと見送られ、われわれは山頂を目指す。

夫婦ブナを過ぎれば、樹林はみるみるまばらになって、青空と雪ばかりの展望となる。途中、ボードをそりにして下山してくる単独行の男性がいたので、挨拶がてら山頂の様子を訊ねた。風は出ているが問題ないだろう、だが山頂直下がカリッカリに凍っていてスキーシールだけでは登れないだろう、とのこと。気をつけてと言って、再びボードのそりで滑り下りていった。

標高1100メートルに差し掛かると、鳥海山の荒々しい北面がようやく姿を見せる。新山と七高山の、2000メートルを超えて並ぶ双耳峰から谷底めがけて、一気に鋭利な爪を振り下ろし削り取ったかのような圧巻の景観だ。これを間近に、圧倒されながら登る山は稲倉岳のほかにはない。

斜度は増し、雪面はアイスバーンとなる。やがて稲倉岳の広大な一枚バーンが、ギラリと太陽を照り返し視界いっぱいを占拠する。山頂はまだ遠い。1300メートルを過ぎると、雪面はいっそう氷に近い。スキーシールだけでは太刀打ちできそうにない。あいにくスキーアイゼンを持ってきていなかったサイトウさんが、これ以上はムリとのことで離脱。

毎年この時期に登ってきたがアイゼンが必要なのは初めてだな、と残念そうである。ツェルトがあるので樹林帯で休んでると言って、わたしとハシヅメさんを見送った。この先はスキーアイゼンを一歩一歩蹴り込みながら慎重に登ってゆく。

行く手の斜面で、四人パーティがひとかたまりになって立ち往生していた。彼らもまた、例年とは違う雪面に難儀していた。アイゼンの類がないらしく、スキーをザックにくくりつけ、キックステップを試みているのだが、プラスチックブーツでは歯がたたない様子である。再びスキーを履き登り始めたがひとり滑落してきた。

岩の露出も樹木もない斜面なので、怪我の心配が少ないのが幸いである。滑落者をパーティのひとりがスキーで追いかけて体を投げ出し、わずかに斜度が緩んだところでようやく止まる。さすがに彼らは山頂を諦めた。残り標高差200メートルもない地点での撤退の判断である。

ところで、稲倉岳の山頂手前にはニセピークがある。あれこそ山頂だとようやく登りきって顔をあげれば、その先になお、のっぺりとした斜面が呪いのようにあるのだ。少なからず落胆する。

気を取り直し、再びスキーアイゼンを蹴り込んで登っていく。永遠に続くのではないかとすら思えるほど、青と白で上下に二分される単調な景色に、いつのまにかにょっきりと二つの白い三角形が並んで突き出ていた。

稲倉岳山頂から覗く鳥海山の新山と七高山である。脚が攣ったように痛みだしたのを、だましだまし一歩一歩進む。少しずつ少しずつ鳥海山が近づいてきた。

十四時前、山頂だ。少し先に到着したハシヅメさんが晴れ晴れとした笑顔で、鳥海山と並んで出迎えてくれた。標柱も何もない稲倉岳の、それが何よりの山頂到着の証だろう。

すぐそこに展望できる鳥海山新山を、襟のようにくるりと外輪山の荒々しい稜線が取り囲む。その稜線は午後の日差しを照り返し、谷には群青の影を深く落としながら、蟻の戸渡のナイフリッジを介して稲倉岳へと繋がる。外輪山と鳥海山北面の、凛とした険しい美しさをカメラに収めようとうろうろしてみたが、稲倉岳からのぞむ絶景はあまりに近く、そして大き過ぎて写真一枚には収まりきらなかった。

さて問題の下山である。ガリガリに凍ったアイスバーンが相手では、滑降を楽しむどころではない。スキーが苦手なわたしは、スキーを外してツボ足で下山できないものかと、スキー靴でアイスバーンを蹴り込んでみたが靴は雪面に跳ね返されるだけで、まったくステップが切れない。

この様子を見ていたハシヅメさんが、きっぱりとした口調でスキーのほうが安全と言うので、意を決して靴の金具を締め直し足首を固め、ビンディングの踵を固定した。あとは執念のプルークボーゲンである。いつだって登りよりも下山が難しい。

標高が下がるにつれ、雪面にエッジが効くほどに雪が緩んできたのだが、こんどは雪が重いうえ斜度が緩いのでいちいちスキーにブレーキが掛かってしまい、つんのめる。今日の稲倉岳は滑降についてはは楽しめたものではなかった。

途中、サイトウさんと合流。気持ちよくって昼寝しちゃってたよーと平和な笑顔である。難所の七曲を無事に下ると、あとはなだらかな林道をスキーが自動的に進むので、まるでエスカレーターに乗ったかのように下山がはかどる。突っ立ったままスキーに運ばれて十六時ごろクルマに到着。

（二〇一三年三月）

焼石岳へ東成瀬口コースから

焼石岳は日本二百名山にも名を連ねる、標高1547・3メートルの名峰だ。主な登山コースに、岩手県側の中沼コースと秋田県側からの東成瀬口コースがある。六月前後などは、中沼コースからの花畑目当ての登山者と、東成瀬口からのネマガリタケ目当ての登山者で、両県の登山口は目的は違えど多くの入山者で賑わう。

シーズン真っ只中の六月、東成瀬口コースを久しぶりに歩きたくなった。七時半ごろ、駐車場に到着するとすでに第二駐車場まで入山者のクルマで溢れている。ほとんどがタケノコ採りらしくもう仕事を終えて、入れ違いに帰るクルマもちらほらとある。

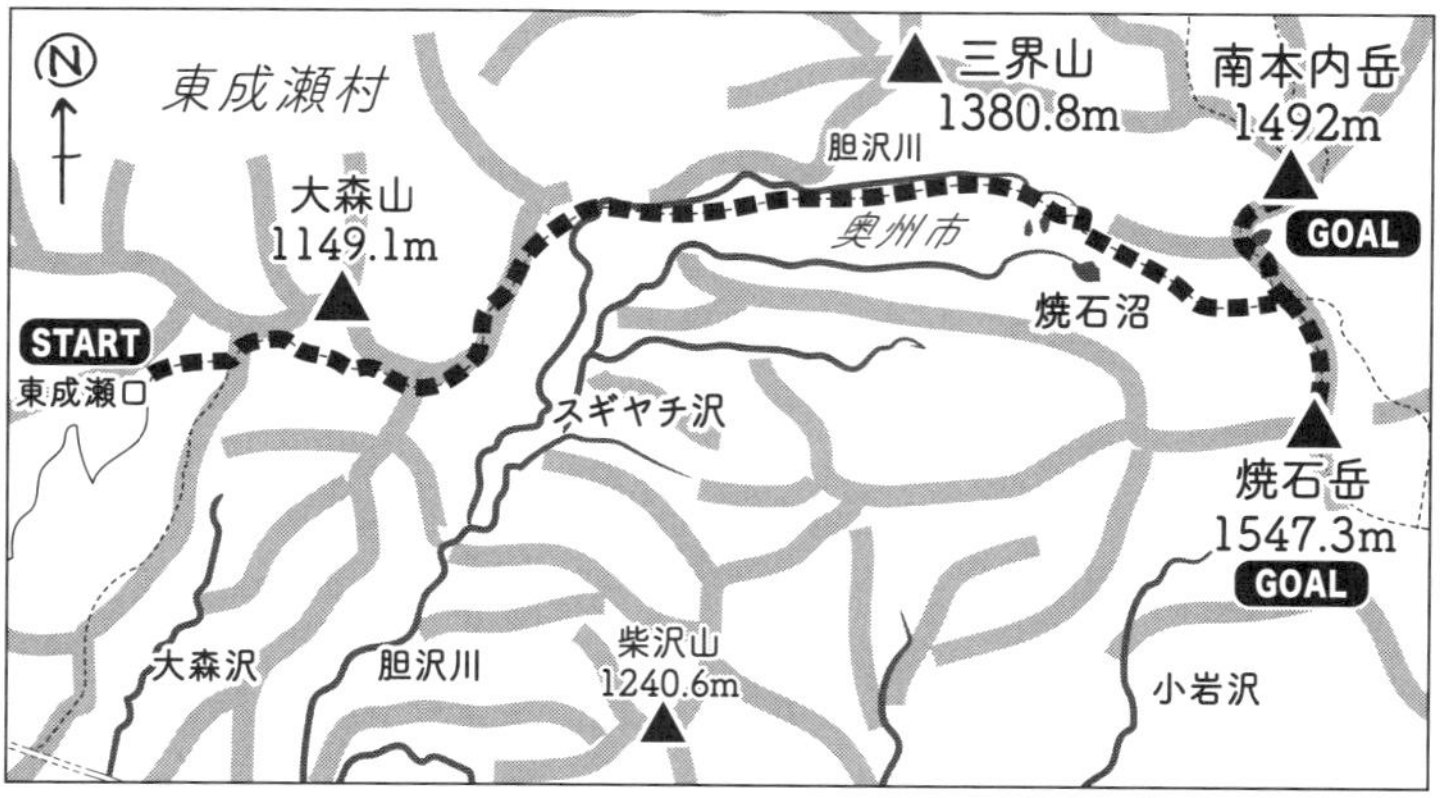

七時四十分、出発。登山口のクマ出没注意の看板と、そのクマに弄ばれてぼろぼろになった登山道の標柱に見送られてのスタートだ。東成瀬口は焼石岳の三合目にあり、急登は少ないがその分道のりが長い。さあ今日は初夏の森をたっぷり歩くのだ。

ズダヤクシュの白い小花が咲きそろう登山道わきの薮からは、ときおりガサガサと大きな生き物が動く音がして、登山口の看板と標柱が一瞬頭をよぎることもあるが、この季節、だいたいそれはタケノコ採りの音である。はじめてこの登山道を歩いたときは、これにはずいぶんひやりとさせられた。

この地域の山域ならではの、葉脈に斑が入るミヤマスミレなどに寄り道しながら、十五分も歩けば「すずこやの道」との分岐だ。以前にはなかった新しい看板が設置され、最近整備されたらしいその道をへぇーと言って眺め、こんな立派な道があるのかと感心した。

その尾根道は三月、雪のあるシーズンにジュネス栗駒スキー場から歩き、この分岐を経て大森山に登ったルートである。雪の上からは大森山のドーム状の山頂が正面に見えるのだが、今は樹木に遮られ、大森山という存在すら知る人は少ないかもしれない。登山道は大森山には関与することなくその山腹を巻き、四合目の大森沢へ続く。

ブナの森に現れた分岐を、急登を選べば樹林帯を抜けて釈迦懺悔の展望地に出る。このコース半ばにある小ピークだ。ここから焼石連峰が一望できるので気持ちが弾む。日当たりのいい尾根上には、イワカガミやツマトリソウがほころんで初夏を迎えていた。

展望のよい釈迦懺悔を再び樹林帯へとロープがつけられた急斜面を下り、さきほど分岐した巻道と合流する。東成瀬口コースは、急な登りもない代わりに、登山道は八合目付近まで240メートルほどの標高差を、えんえんと長い道のりをかけてじわじわと登る。だからこのコースは、焼石岳の山頂ばかりに主眼を置かず、気長にのんびりとブナの森の散歩の楽しむのだと、心の余裕さえ持ち合わせていれば退屈しない素晴らしいコースとなるのだ。

新緑にはホトトギスがしきりに特許許可局を宣伝し、脇にはマイヅルソウ、ショウジョウバカマ、ツバメオモト。代表的な春の野山の花はもちろん、人知れず下向きに咲く米粒ほどのタケシマランも咲きそろう。中沼コースの姥石平のような花畑の派手さはないが、春をみつける喜びはこのコースにも十分に用意されている。

八時五十分ごろ、渡渉点に差し掛かる。東成瀬口コースは胆沢川とほぼ平行し、三回ほど渡渉がある。渡渉ポイントでは、雨の日などは渡れないほど水量が増す場合もあるので注意が必要である。かの矢留山岳会のサイトウさんはむかし、このコースからの下山時に大雨に遭い登山道はあっというまに濁流に飲まれ、他の登山者ともども焼石岳を登り返し反対側の中沼コースへ下山したことがあったと言う。そのときの濁流は相当のもので、ガコンガコンと不気味な音とともに大岩が登山道を流されて行くのだそうだ。ずぶ濡れでくたくたになりながら励まし合い、暗い中を下山したのだと当時の様子を語った。雪解けシーズンにも渡渉点ではそれなりの水量となるので、登山靴を履いたまま渡れるようにと、足を突っ込むことができる大きなゴミ袋を二つ背負って来たが、今日の沢は穏やかで飛び石伝いに対岸へ渡ることができた。

七合目の柳瀞を過ぎると、樹林帯はだいぶ低くなり来た道を振り返ると三界山が見える。山頂の二つのピークのコルから、残雪を帯のように山麓へと垂らした特徴的な姿である。

日当たりのいい登山道脇にはシラネアオイ、サンカヨウが出迎え、さらにキヌガサソウが、輪生する大きな葉っぱの中央に白い花を咲かせたばかりである。山はすっかり初夏である。

十時前、八合目の焼石沼のほとりで小休止とした。登山をはじめて最初に購入したガイドブックには、この沼については特殊な注意書きがされてあったので、わたしはずいぶんとこの地に大きな期待を寄せたものである。それは焼石沼付近では牛の放牧がされていて、しかも牛たちは半野生化しているから、くれぐれも近づかないようにというものである。

山のなかでの牛の放牧。幼少期にアルプスの少女ハイジの暮らしに憧れたわれわれ世代としては、じっとしてはいられない。いやハイジのあれはヤギの放牧だったかもしれなかったが、とにかく放牧という未知の現場をぜひ見たいと思い、勇んでここまで登ったことがある。

だがどこにも半野生化した牛などおらず、牛糞のひとつすら見当たらない。放牧というだけあって自由な彼らはどこか別にいるものと信じ、改めて別の日に登ってみたが、またもやいない。冷静になって調べたら、わたしが最初に登った数年前から、放牧はされなくなったのだと書かれてあった。いまでもこの沼のほとりに立てば、もう数年早ければと残念に思うのだ。

荒ぶる牛に追われる心配のない沼のほとりでのんびり休憩したら、このコースも山頂まで残り標高差300メートルほど。ようやくここから登山らしい勾配がはじまる。シナノキンバイやハクサンチドリなどの、派手な色合いの花も現れはじめた。

今日は中沼コースの山開きと聞く。この好天と花の状態からして山頂は相当に賑わうのだろうなと、焼石岳ピークを登らずに南本内岳へ向かうことを考えたが、よくよく考えればしょっちゅうこの界隈に来るくせに、人が多いだの面倒だのと言っては山頂にはずいぶん長いこと行っていない。最後に山頂を踏んだのはもう九年もむかしである。たまには一等三角点からの眺めを楽しもうかと、分岐を過ぎ、山頂直下の岩場の登山道へ踏み込む。

十一時前に焼石岳の広々とした山頂に到着する。まだ山開き山行の一行は到着していないらしく、思いのほか空いていた。眼下には残雪と初夏の濃い緑の色彩が鮮烈である。焼石連峰の山並みはゆるやかだがどっしりとして、ところどころに池塘をきらめかせて雄大に続いている。遠くに青みがかって浮かぶ山影は岩手山、姫神山、早池峰山と、東北の名峰たちである。鳥海山だけはその抜きん出た高さゆえに、頭を雲の中にして裾野だけを覗かせている。

時間も早いので焼石岳をあとにし、隣の南本内岳へ向かうことにした。人で賑わう二百名山・焼石岳とは打って変わって、こちらに向かおうという登山者は少ない。雪渓の向こうに露出している夏道を目指して、雪で覆われた山腹を横切って進む。雪が残るのは分岐の付近だけで、あとは日当たりに恵まれた草原に乾いた夏道が明確である。

クックックッとカエルの澄んだ鳴き声が聞こえてきた。こんな標高にカエルがいるのかと不思議に思いながら登っていると、登山道のすぐわきに接して、小さな池がきらきらとした水面をたたえて現れた。わきには標柱が立ってあり、この池は南本内川の源流と示してある。池としての名称は記されていない。緩い登りの途中で振り返ると、色濃く茂った灌木と残雪のなかにさきほどの池が、青空を映してきらめいている。その奥には焼石岳の三角形。なかなか写真映えしそうな華やかな景色である。

登山道は木道となり、残雪が消えたばかりの草原をつっきって山頂へと向かう。昨年の草紅葉の枯れ草の隙間にはヒナザクラがちらほらと顔を覗かせていた。

十一時五十分、平坦な山頂部分のわずかに高いところに山頂の標柱が見えた。標高1492メートル。隣の焼石岳山頂に比べるととても静かで誰もいない。ぐるりと360度の展望を存分に独り占めできた。焼石岳の分岐から、わずかな距離にある地味なピークではあるが、池があったり気持ちのいい草原があったりと、なかなか充実した寄り道である。

さきほどの池のほとりまで戻り、源流を示す標柱のわきの裸地にザックをおろし脚を投げ出して昼とした。焼石岳山頂は今ごろ、山開き登山の参加者たちのランチタイムで、今シーズン一番の賑わいとなっているのだろうか。わたしは天空の水辺でひとり、ゆうゆうと体をのばしておにぎりを頬張る。聞こえて来るのはカエルの澄んだ声だけである。

（二〇一五年六月）

甥っ子と鳥海山

明日、鳥海山に行ってくると母親へ伝えると、かたわらで寝転がって電子ゲームをしていた甥っ子が

「オレも行こっかな」

と言ってきた。中学三年生、小学校から続けてきたバスケットボールを受験生という名目でこの春で引退。バスケが抜けた穴を持て余した、暇で怠惰な夏休みが起こした気まぐれである。

翌朝四時三十分に起床。その十五分後にはいつもの山道具に加え、身長１８０センチ近い甥っ子をクルマに乗せて横手を出発。向かったのは、鳥海山の数あるコースのなかでも最もポピュラーな鉾立口からの象潟コースだ。このコースなら、なだらかな箇所が多いうえ奈曽渓谷や日本海、鳥海湖などなど見所も多い。距離は長いものの、鳥海山初登山の甥っ子

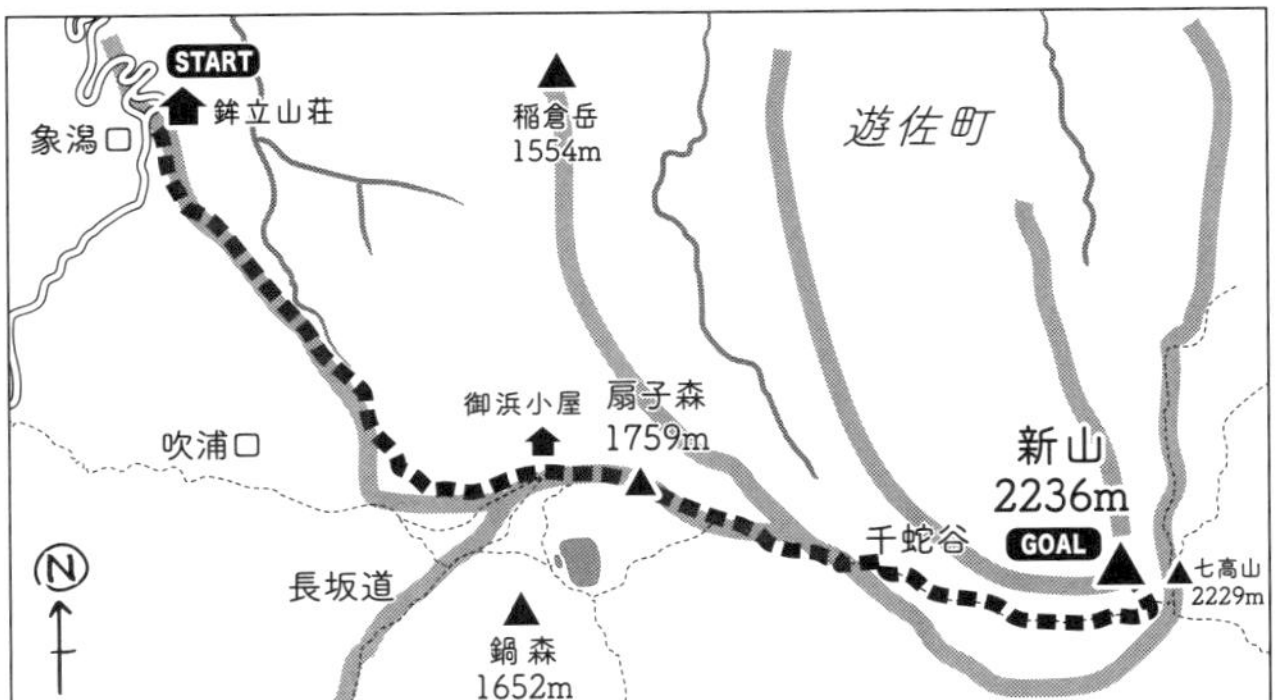

には登りやすいだろうと考えた。

七時、登山口の小僧さんの像の前でふたりで軽く準備運動をして、出発。お盆期間中は不安定な天気が続いたが、本日は晴れ渡り風もなくまたとない山日和りである。さあ甥っ子よ、はじめての鳥海山へゴーだ。

「オレのカッコ、へんじゃね？」

眼下に広がる日本海を見せ、ニッコウキスゲが揺れる山腹の草原を見せ、賽の河原の岩が転がる広大な草原を見せというように、鳥海山の素晴らしい景観をしきりに叔母は指差すのだが、中学生男子の関心はそこである。

つい昨日まで山には無縁のバスケットボール少年は、部活で着ていたTシャツに紺色のトレパン、通学で履いているスニーカーに、わたしが十数年前にホームセンターで購入したリュックサックというスタイルだ。そのどこに問題があるのか。

だれも鳥海山まで来て、中学生男子なんぞわざわざ見やしないだろう、と心中思いながら、

「小中学生なんてみんなそんなカッコで登ってるもんだよ」

と、彼が「フツー」であることを教えてやる。だがまわりには、人気山域だけあって小洒落た山ガール山ボーイらが眩しい。「オール横手、ってダッセくね？」しきりにTシャツに大きくプリントされた文字を気にしているので、誰もそんなローマ字なんか読まないよと、それよりほらこれがヨツバシオガマだと、賽の河原の脇に見つけたピンクの花を教えてやる。みんなは

このように花や景色を見るのに忙しいから安心しろと、悩める思春期の少年を励ました。

広い草原に大小の岩が散らばる賽の河原を通り過ぎ、石畳の登山道は小沢を越え、御浜直下のやや急な山腹に差し掛かる。進むほどに標高はぐんぐん上がり視界は開けた。なだらかな広がりを見せる草原の先には、牛のように重厚感ある稲倉岳が大きい。その稲倉岳に、鳥海山北面が集めた雲がぶつかっては空高く立ち上がる。夏の鳥海山の景色は、胸がすくほどにダイナミックだ。

八時三十分、七合目の御浜だ。初めての登山とはいえさすがは元運動部の中学生男子、弱音も吐かず順調なタイムでここまで来た。御浜神社で甥っ子とふたり手を合わせ参拝し、小屋を回り込んで鳥海湖が見える外輪へ抜ける。いつもながら多くの登山者で賑わう小屋周辺の一角で小休止とした。目の前には火口湖である鳥の海こと鳥海湖がまん丸い。

手頃な岩に腰掛けて甥っ子は汗を拭いながら無言である。虫が飛び交いまとわりつくのにたじろいでいる様子で、そういえば彼は家の中にハエや蚊が一匹紛れ込んだだけでも大騒ぎするほど虫が苦手なのだった。

ここで引き返すかと甥っ子へ聞くと意外にも、まだ先へ行くと即答である。それからスポドリを取り出して口に当てるや否や、ものすごい勢いで喉に流し込む。わたしは慌てて、もっとゆっくり大事に飲めと制した。

500ミリリットルボトルはあっというまに空である。今日持って来たスポドリは互いに1

リットルだ。わたしがふだんその程度で足りるから、深く考えもせずに用意した量であるが、ここにわたしの大きな誤算があった。

甥っ子はバスケ部だった。バスケでは水分補給のタイミングが試合の合間や休憩時間に限られるせいか、選手らはその短い間にまとめて一気に水分を補給するらしい。甥っ子の飲みっぷりはまさに試合のさなかの水分補給である。当然、このペースで休憩ごとに飲み干していたのでは、今日の飲料はまるで足りない。しかも登山初心者の夏山はやたらと水分が欲しくなるものだ。わたしは自分の配慮のなさを後悔しながら、ザックのなかの自分のスポドリは甥っ子に取っておくことにした。

御浜から扇子森への足場の悪い岩場で振り返ると、日本海と青空がすっきりと視界を二分して広い。ほらと甥っ子へ、下界では見られないスケールの大きな景色を示すが、彼はおおと言ってチラリとそちらを見ただけで、あとはごろごろとした岩場歩きで忙しそうである。

九時、オクキタアザミが咲く扇子森のピークに立つ。目の前には御浜で見上げたときには雲に隠れていた新山が姿を見せた。その新山を真っ正面に、草原の真ん中を突っ切って石畳の登山道が気持ちよく伸びる。扇子森を下った草原は、わたしが勝手に「ハイジのコル」と呼んでいる場所である。広々とした山岳地の草原が、アニメでおなじみのアルプスの少女を思い出させるのだ。

懲りずに甥っ子にほらほらと草原の雄大さを示して振り返ると、彼はずいぶんと疲労困憊していたので大休止を取ることにした。へたり込む彼へ、湯を沸かしてスープを飲ませ、おにぎりを勧めた。そういえば彼は、ふだんは朝から大飯を食べるのに、今朝はクルマのなかでおにぎりを一個しか食べていなかった。明らかにガス欠である。ひとしきり飲み食いしエネルギーチャージが完了すると、元気が出たらしい。ここで帰るかと聞くと、帰らないときっぱりとしている。

ならばとハイジのコルを出発し、八丁坂を抜けて行く。歩きやすく整備された石畳の登山道はここまでだ。八丁坂を過ぎれば遊歩道の雰囲気から一転、いよいよ本格的な山道が始まるのだ。

十時前、七五三掛。ここでコースは二つに別れる。いくつかのピークを越えて行く外輪山コースと、谷を行く千蛇谷コースだ。新山を目指すなら千蛇谷コースが早い。一方、外輪山コースなら、文殊岳、行者岳、と一定の間隔でピークがあり展望もあるので、途中で疲れたならば、どれかのピークで引き返しても満足度は高いのではないかと思う。

甥っ子へどっちがいいかと聞けば、新山へ早く着く谷コースがいいとのこと。どうやら彼は最高峰に登る気満々のようだ。足場の悪い岩場の、不安定な鉄梯子を二箇所下って千蛇谷の雪渓に下りた。

谷間の雪渓はさすがに八月下旬だけあって、だいぶ小さい。雪だ、と甥っ子が登り始めてからやっと景色の類に感動し声をあげた。運動靴では滑りやすいだろうから慎重に歩けと言っていると、同じくらいの年齢の子どもがもたつくわれわれをあっさりと追い越した。

それにつられてか対抗意識か、甥っ子は無言のまま足取りが早くなり、放っておくとわたしを引き離してぐいぐいと登って行く。彼に追いつけないのも癪なのでこちらも意地になって登るのだが、いよいよしんどくなってきたので、山歩きはそんなに急ぐもんじゃないのだと、むちゃくちゃな理屈で彼を待たせてやっと追いついた。そうなの、と甥っ子はありがたいことに素直である。

この先は外輪山と荒神ケ岳に挟まれた山腹の、ごろごろと岩が転がる登山道をひたすら一時間ほどの登りである。頭上には新山がすぐそこにあるかのように聳えるが、雄大な景色のなかでその頂はなかなか近づいてこないのだった。

やがて勾配が増すころ一面は累々と折り重なる岩ばかりとなる。ときおり甥っ子に引き離されては彼を呼び止め、ゆっくり登らせる。そんなわれわれを疲れを知らない小学生や、トレランらしい男性がときどき追い越す。小学生に追い越されれば対抗意識を燃やし、ランナーの引き締まった後ろ姿にはそのふくらはぎがかっこいいと言って自分の脚を悲観し、オシャレな若者グループに会えば「オール横手」のダサさを嘆きながら、甥っ子は登って行く。

十一時十七分、山頂小屋前だ。新山に行くまえにここで昼食とする。さすがに疲労で放心している甥っ子を座らせて、カップラーメンを一人分用意した。それを食べているようにと言い残し、わたしは小屋の裏の雪渓へ水を汲みに行く、思った通り甥っ子のスポドリ消費量が激しく、残りわずかである。せっかくの初登山のランチタイムをひとりにして気の毒ではあるが、仕方あるまい。

鳥海山の山頂唯一の水場は雪渓から流れる雪解け水だ。これまでは煮炊き用にしか採ったことがなかったが、飲用にするためにちょろちょろと流れる水を根気強くボトルに集めて見れば、思った以上にゴミが浮いていて、さすがにこのまま飲むには抵抗がある。あきらめてこれは非常用としてボトルにつめ、代わりに売店で飲みものを一本、調達した。

水汲みから戻り、急いでその水を煮沸しボトルに詰め、バナナ一本で食事を済ませる。時刻は十二時。さあいよいよ新山、鳥海山の最高峰へ向かう。

鳥海山の最高峰である新山は、大物忌神社のすぐ後ろに聳える噴火でできた溶岩ドームである。折り重なる岩に付けられた赤ペンキのマルや矢印をたどって、岩を越えたり、またいだり、すりぬけたりしながら最高峰へ最後の登りである。

ジャングルジムだな、とわずかに笑って甥っ子は折り重なる岩を果敢に登って行く。

十二時十九分、山頂に立つ。見渡す限りここより他に高いところはない。すごいでしょうと甥っ子を見れば、感激よりも呆然として標高2236メートルに突っ立っている。山頂に到着したことがすぐには信じられないようだ。登って来た他の登山者にカメラを託し、ぼけっとしている甥っ子に鳥海山の文字が彫られた山頂のプレートの片方を持たせ、並んで記念写真を撮ってもらう。満面の笑顔のわたしと、ぼうっと突っ立ってプレートを持たされている甥っ子が並ぶ登頂記念である。

やがていくぶんか登頂の実感がわいたようで、しばらく山頂から感心したように彼方を眺めていた甥っ子だったのだがふと気づいたように、あ、下らなきゃならないんだよなと呟くと、ふたたび呆然とした表情となった。

下りは神経を遣う。新山の岩場を登りはさくさくと先を行っていた甥っ子が、さすがに下山では折り重なる岩場に思うように脚を下ろせない。慎重に甥っ子をエスコートして新山を下る。大物忌神社に無事に戻って、一息つきせっかくだからと二人並んでお参りする。登頂出来ましたありがとうございます。そして無事に下山できますように。頭を下げて横を見れば、甥っ子はなにやら熱心に長いこと手を合わせていた。

下山はラクだねと言っていた甥っ子は、下り最初のうちは元気だったのだがさすがに下山は下山で、登りとは違う難しさがあることに気づいたようで、徐々に口数が少なくなり歩みは遅くなった。

聞けば、つま先がシューズの先に当たって痛いという。ハイカットの登山靴であれば、下りの足の衝撃をある程度足首周りで吸収してくれるのだろうが、あいにく普通の運動靴である。また、こうした顛末への配慮も知らずにドカドカと歩いて来たせいもあるだろう。

こんなこともあろうかと、ザックにくくりつけていたストックを歩行の助けにと彼に渡し、十分おきに休憩をとりながら少しずつ少しずつ歩かせた。いつもなら泣き言を言ってムクれたいところだろう。だが、山のなかでは泣こうが騒ごうが自分の脚しか目下の課題を解決してくれない。ましてやこの叔母は、自分を捨ててさっさと帰ってしまうかもしれない。痛くても自分で歩くしかないのだと、早々に悟ったようである。

平らなところを歩きたい、と弱々しくこぼす彼を励ましたり休ませたりしながらも七合目の御浜を過ぎた。ここまでくればあと一息である。草原の向こうに鉾立の駐車場が小さく見えて来たので、元気付けるつもりで甥っ子へ

「ほら！あと少しだよ」

と指差して見せたのだが、あんなに遠いのかとかえって彼を凹ませてしまった。

十六時三十分、ついに箒の小僧さんの登山口に戻って来た。レストハウスでキンっと冷たいジュースとアイスで初鳥海山登頂を祝う。汗が引き、落ち着いたところで帰路に着く。クルマが動き出すや否や、助手席で甥っ子は大きくシートを倒し１８０センチ近い体を投げ出して、あっという間に眠りに落ちてしまった。

クルマの冷房が当たらないように、手を伸ばして吹き出し口を調整してやる。ラジオのボリュームを少し下げ、西日のブルーラインをうねうねと下って行く。標高２０００メートル級の山頂の神社で、思春期の中学生が何を熱心に祈っていたのかについては、帰ってから聞き出すとするか。

（二〇一五年八月）

あとがき

残雪の栗駒山に衝動にまかせて登ってからが、わたしの山登りのはじまりです。山の魅力に取り憑かれたというよりは、行きたいという思いさえ都合がつけば、きのうまで思いもよらなかった場所に自分が立つことができるという、ささやかな壁をぶち破る感覚が面白かった。その「きのうまで思いもよらなかった場所」の際たる対象が山だったわけです。日常の美しい景色でしかなかった鳥海山が一転して登る対象となり、これまで平面的だった絶景も、さらにその奥があることを知ったときから世界は、いえ人生はわたしにとって壮大な遊園地となりました。

そうこうするうちに、山行の備忘録も兼ねてホームページを立ち上げ、以来山行記録はすべてこれにアップして今に至ります。

ハンドルネームの「ばりこ」についてはよく、「バリバリ登るから?」とかっこいい由来を想像してくださる方もいらっしゃいますが、愛猫の名前がバリーなのでこれに「こ」を付加することで女性名にアレンジしただけの、それ以上の思い入れも野望もない、たまたま愛猫が目の前3センチの距離にどすんと座っていたから思いついただけの名前です。

このたび無明舎出版から、秋田県を起点とした山行記録を一冊の本にまとめる機会をいただきました。百名山を求めたり各地をフィールドとしている登山家からすれば、秋田県内などとても狭い地域かと思います。

ところが、登れば登るほど地元の山は広く深く興味が尽きない。その先へ、その先へと好奇心が連鎖していき、結果、ハイキングとして楽しい山歩きから、バリエーションルートと言われる雪山や沢歩き、秋田県ならではの太平山めぐり、またはハイキングのつもりで出かけたものの薮漕ぎとなった山行などなど、幕の内弁当をひっくり返したような何でもありの山行記録の一冊となりました。

手にとっていただいた皆さまと、山歩きのたのしさ、秋田の山の魅力を共有できれば幸いです。

著者略歴

鶴岡　由紀子（つるおか　ゆきこ）

1969年４月生まれ。横手市平鹿町出身。県内の納豆メーカーに勤務。20代半ばに衝動的に山登りをはじめる。のち、秋田県の社会人山岳会「矢留山岳会（http://yadome.holy.jp）」に入会。
自身の山歩きの活動は「ばりこ」のハンドルネームでブログ発信を続けている。自前のホームページ「東北山紀行　週末山登り（http://mountain.holy.jp）」でブログ記事を中心に、山の花や山菜などの紹介も行う。

ばりこの「秋田の山」無茶修行
定価〔本体一七〇〇円＋税〕

二〇一八年四月一日　初版発行

著者　鶴岡　由紀子
発行者　安倍　甲
発行所　㈲無明舎出版
秋田市広面字川崎一一二—一
電話／（〇一八）八三二—五六八〇
ＦＡＸ／（〇一八）八三二—五一三七
組版　ぷりんてぃあ第二
印刷・製本　シナノ

ISBN978-4-89544-644-0